JN440009

홍도숙 수필집

보리바다

보리바다

초판 1쇄 인쇄 · 2014년 02월 15일
지은이 · 홍 도 숙
펴낸이 · 이 승 훈
펴낸곳 · 해드림출판사
주　소 · 서울 영등포구 문래동1가 39번지 센터플러스 1004호
전　화 · 02-2612-5552
팩　스 · 02-2688-5568
e-mail · jlee5059@hanmail.net

등록번호 · 제387-2007-000011호
등록일자 · 2007년 5월 4일

* 책값은 표지에 있습니다.
* 잘못된 책은 바꿔 드립니다.

ISBN 979-11-5634-009-6

홍/도/숙 수/필/집

보리바다

해드림

펴내는 글

저 우주의 입김 같은 것에 의해 쓰인 것

생애에 두 번씩이나 수필집을 묶어 낼 수 있게 한 행운에 가슴 설레며 감사를 드린다.

찬란한 빛의 잎새들이 땅에 떨어져도 저를 밟고 가주기를 애원하는데 나는 다 밟고 가진 못하지만 보이는 모든 잎들을 밟으며 포옹하며 간다.

잎새들은 미처 영글지 못하고 땅에 떨어진 내 글의 형해이기 때문이다.

가을 깊은 바람 부는 장터에서 아무도 사가지 않을지도 모를 내 설익은 열매들을 부끄러워하며, 그래도 장하게 여기며 난전을 편다.

창작의 모진 고통과 희열을 반복하며 빚은 그릇들을, 아직 완성되지 않은 사유의 파편들을 나는 늙은 도공의 애틋한 가슴으로 사랑하며, 측은히 여기며. 대견스러워하며 사바의 창문 밖으로 떠나보낸다.

그러나 이 글들은 지식이나 문자로 쓰인 게 아니라 저 우주의 입김 같은 것에 의해 쓰인 것일지도 모른다고 감히 생각는다.

불완전하나마 누군가 이 걸 읽으면서 좋은 친구를 만나 즐거울 때처럼 시간 밖에서 온전히 쉴 수 있다면 얼마나 다행일까 여겨본다.

내가 사랑하는 한 사람 한 사람 모두 대면하고 깊은 감사를 드린다.

2014년 1월

홍 도 숙

1

명태의 눈

2

환(幻) 1

3

하늘 끝에 걸린 초가삼간

4

열나흘 밤의 새아씨

명태의 눈

1

우리 문학 동아리 월 · 화 · 수 · 목 · 금의 다섯 항해선 중 수요선에 승선한 지도 강산이 변할 만큼의 시간이 흘렀다. 이젠 베테랑 선원이 되고도 남음 직한데 아직도 휘청거리며 멀미하느라 여념이 없다.

우린 고래까진 아니지만 어쩌다 꽤 큰 월척도 낚고 밴댕이나 볼락 같은 잔챙이도 건지면서 그래도 이 배에 타길 잘했다고 자위들 하며 지냈다. 글이 안 써진다고 탄식을 하면서도 요원들의 눈동자엔 늘 그 무엇에 대한 기대와 설렘이 가득 고여 있었다.

수요 선의 선원들은 과묵한 편이어서 글 고기 얘기 말고는 별로 화제 삼는 일이 없었다. 대체로 점잖은 사람들이었다.

언제 나타날지 모르는 바다 밑의 대어를 위하여 늘 긴장하면서도 창작에 대한 오묘한 묘미를 체득해 가는 것 같았다.

그런데 이제 수요 선은 항해를 멈추게 될 것 같다. 끝까지 동행하자고 맹세했지만 우리들의 목적지 '신 아틀란티스'까지는 멀고 요원하여 푸른 꿈을 접어야 할 듯하다. 가슴 깊은 곳에서 꿈틀거리는 이 열망들을 해원에 깊이 묻어둔 채 어디로든 헤어져야 할 시간이 다가오고 있다. 앞서 간 선인들도 어느 시점에서 노를 꺾고 유유히 우주 속으로 사라져 갔다. 노를 꺾어야 할 시간, 그리고 흩어져야 할 시간이 남생이 배밀이처럼 야금야금 다가오고 있다.

그렇지만 수요 선의 하선은 슬프다. 언젠가는 이런 날이 오리라는 예상도 하지 못할 만큼 그저 고심 끝에 낚아 올린 고기가 월척이라고 꽝하고 스승의 도장이 찍히기를 바라며 고기떼를 쫓던 우리는 행복했었다.

이 세상에서 수요 선이란 글 배는 사라지지만 그 남겨질 요원들은 늘 가슴이 뜨겁게 요동쳐 주체할 길이 없다. 늘 글을 잘 써보려는 목마름에 애타면서 그 목마름의 고통마저 즐기며 낙락하던 날들을 어느 기슭에서 또 만날 수 있을까. 해풍에 흩날리던 머리카락과 옷자락을 어디서 다시 비벼볼 수 있을까.

저 플라톤의 전설의 섬 아틀란티스는 어쩌면 허구의 제국이 아닐 것이다. 그것은 바닷속이 아니라 우리 가슴속에 낙원의 징표로 이미 살고 있지 않은가.

십여 년의 긴긴 우리의 항해는 그 어느 것에도 구애되거나 머무르지 않았다. 서로의 근본이 다름을 인정하고 푸근히 보듬으며 거대한 문학의 광장을 우리 가슴에 들여놓고 모대기게 했다. 좀처럼 터지지 않는 영험한 감성이 활화산처럼 폭발하기를 고대하면서.

우린 아틀란티스가 어떤 곳인지 모른다. 다만 플라톤에 의해 등장한 고도의 문명으로 번영을 누렸던 찬란한 나라였다는 것. 그것은 그의 상상력이 만들어 놓은 허구의 형상이라는 것을 알 뿐이다. 그러나 그 허구를 가슴으로 느끼고 더없는 감동으로 받아들인다면 그것은 더는 허구의 산물이 아닐 것이다.

해저 깊이 가라앉아 있을지도 모를 찬란한 그 섬, 우리의 낙원을 위하여 수요 선은 마지막 항해를 하고 있다.

축복받은 것처럼 우리의 바닷길은 해일이나 풍랑 같은 것도 없이 순항이었다. 아무것도 알지도 보지도 못하는 우리임에도 저 높은 곳에서 어떤 손이 계속 우리를 앞으로 나아가게 하고 있었다. 신비로운 힘이 우리를 인솔하고 있었다.

우리가 어느 낯선 곳에 살게 된다 해도 외롭지 않을 것이라는 것, 결코 우리 생은 무의미하지 않을 것이라고 믿는 것, 그것은 우리가 어느 신성한 영원 안에서 다시 만날 것을 알기 때문이다. 우리가 오래도록 함께 항해할 수 있었던 것도 그 신비의 장막 안에서 나를 실현하는 기쁨에 잠길 수 있었던 것도 그것을 알기 때문이다.

우리의 삶이 제아무리 가혹하다 해도 그것을 견딜 수 있는 것은, 우리의 헤어짐이 슬프거나 허탈하지 않은 것은 그 신성한 영원 안에서 꼭 다시 만날 것을 알기 때문이다.

해조음이 나팔 소리처럼 장엄한 바다에서 전투함보다 엄위한 위용으로, 어느 호화 여객선보다 화사한 모습으로 우리는 지상 최고의 마지막 항해를 하고 있다.

각시붓꽃

그해 유월 열 세살인 나는 각시붓꽃으로 환생한 엄마를 만나려고 회목리 가는 길섶에 있는 진펄 밭에 매일 나갔다. 뾰족한 붓끝 같은 꽃 몽우리가 아득히 들리는 엄마의 웃음소리 따라 흔들리고 부풀려져 여기저기서 터지느라 바빴다. 환생해서도 엄마는 역시 바쁜 것 같았다.

늪지 가득 각시붓꽃이 군락을 이루고 군데군데 진노랑 원추리 꽃도 끼어 있었다. 남빛 치마를 받쳐 입은 엄마가 각시붓꽃 포기에서 언뜻언뜻 보이는 것도 같았다. 엄마는 당신이 각시붓꽃으로 환생해야 나와 자주 만날 수 있고 만져볼 수도 있다고 믿었는지 모를 일이다.

지난해만 해도 아이들과 어울려서 아무렇게나 메착없이 꺾어 간 붓꽃을 엄마는 곱게 간추려서 항아리에 꽂으며 "다음엔 밑동까지 길게 꺾어라." 하시며 짧은 꽃도 작은 항아리에 알뜰히 꽂았었다.

나는 엄마가 각시붓꽃으로 환생한 것을 믿은 후부터 꽃을 꺾지 않았다. 엄마가 아파할 것 같아서. 다른 아이들에게도 꺾지 말라고 부탁했다. 꽃을 꺾어도 받아줄 사람이 없고 항아리에 꽂아 줄 사람도 없었다. 엄마가 없는 집은 불탄 집처럼 황량했다. 견딜 수 없는 것은 엄마가 없는 데도 여전히 아침이 오고, 밤이 들고, 밥을 먹고 잠을 잘 수 있다는 것이었다.

연초록 갈댓잎에 싸인 편편한 반 평쯤 되는 늪지의 바위는 내 방이었다. 바위를 둘러싼 갈대들이 자연스럽게 내 방 울타리가 되어주었다. 어쩌다 잠이 들면 바람을 탄 갈대들이 얼굴을 간지럽혔다. 아이들은 집으로 나를 찾아오듯 늪지의 바위로 몰려오곤 했다.

거기 앉아 있으면 산후조리에 바쁜 물총새 부부의 산실도 보이고, 저만치 꽤 깊은 웅덩이 연못에 띄워놓은 조각배도 보였다. 배는 바람이 자면 저도 함께 졸다가도 바람이 일면 저도 덩달아 빙그르르 돌았다.

늪지 둔덕엔 물총새가 깊이 구멍을 뚫고 둥지를 틀었다. 새 식구를 얻은 부부는 기쁨에 들떠 보이고 코발트색 깃털은 더욱 선명하다. 그런데 그런 물총새가 밉고 징그러울 때가 있다. 파닥거리는 은어나 모래무지의 옆구리를 턱 하니 가로 물고 있는 물총새의 억센 부리가 밉고 눈이 부신 코발트의 날개도 칙칙하고 미웠다.

물속의 먹이를 겨냥하고 공중에 떠서 날갯짓(호버링)을 요란하게 할 때는 난 고개를 돌렸다. 아이들은 총알같이 입수해서 제 몸만 한 물고기를 노획한 물총새에게 멋진 묘기라며 갈채를 보냈다.

그때는 몰랐던 각시붓꽃의 꽃말이 '신비한 사람, 존경'이라는데 아, 틀림없이 각시붓꽃은 엄마의 화신이었다고 믿어진다.

꽃말처럼 엄마는 신비한 사람이었다. 전염병(장티푸스)이 온 마을을 뒤덮었을 때 엄마는 팔을 걷어붙이고 감염된 농장 식구들을 간병했다. 그리고 마지막에 지쳐 쓰러진 채 소생하지 못했다. 병에 걸렸던 사람들을 모두 일으켜 주고 자신은 마지막 제물이 되었다.

서른여섯의 엄마는 각시붓꽃처럼 아름다웠다. 그리고 여전사처럼 씩씩했다. 엄마의 생은 신비 그것이었다. 자신의 몸을 사리지 않았다. 봄이 오는 삼월에 엄마를 보낸 뒤 농장 식구들은 넋을 잃고 손을 놓은 채 일을 할 수 없었다.

우린 모두 실낙원의 떠돌이 별이 되었다. 슬픈 유성우(流星雨)처럼 어느 땅 위로든 떠내려가야 한다. 정든 사람들도 하나둘 떠나갔다.

그들이 떠나갈 때마다 각시붓꽃은 오열하며 몽우리를 터뜨렸다. 야생의 여름꽃으로 환생한 엄마는 가여웠다. 온몸으로 웃고 울며 오열해도 품어줄 수도 쓰다듬어 줄 수도 없다.

그해 늪지에서의 그것이 엄마와의 마지막 면회였다. 같은 해 팔월에 해방이 되었고 그리고 십일월에 엄마의 무덤을 두고 환생한 각시붓꽃을 두고 고향 검불랑(劍拂浪)을 떠나왔으니까.

어려서 엄마의 환생을 믿은 것처럼 이제 머지않아 당신과의 재회를 믿는다. 그리고 살아오는 동안 용렬한 내가 요만큼이라도 사람을 사랑할 줄 알게 한 것은 엄마로 인한 것이고, 요만큼이라도 마음을 선하게 가질 수 있었던 것도 엄마에게서 태어났기 때문이다. 우리 고작 십삼 년의 인연뿐이였지만, 백 년보다 깊고 깊은 사랑을 품어 안는다.

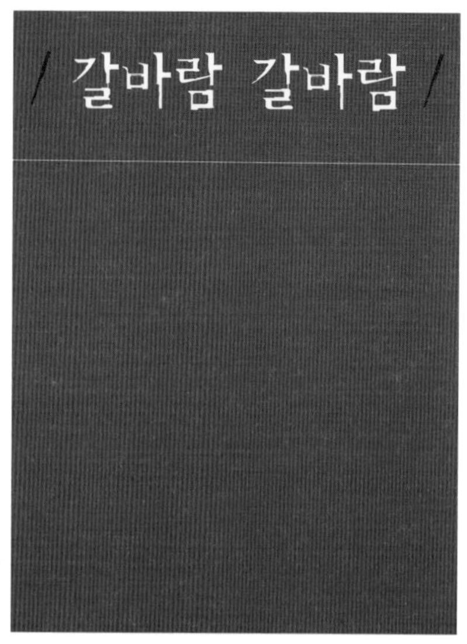

합정동 '올갱이국' 집에서 우린 스무 명쯤 회동했다. 25년 전의 얼굴은 별로 변한 데가 없어 보였다. 처음엔 얼떨떨했지만 시간이 흐르면서 지난 일들이 새록새록 살아났다. 부분적인 기억이 바람에 누웠던 갈댓잎처럼 하나둘 일어서면서 조금씩 선명해졌다. 그때 우리는 신학의 전당에서 만나 2년간 수학했다.

여러 곳에서 모여든 수도자와 평신도와 남녀노소가 어우러진 한 마당은 날이 지나면서 신기하게도 곧 의기투합하여 친숙해졌다.

이쪽을 보고 웃고 있는 사람은 아! '가을 남자'다. 수학여행 때 버스 옆자리에 앉아 있던 청년, 창밖을 내다보는 얼굴은 눈이 깊고 우수에 젖어 있었다. 실연이라도 한 것일까. 가을이 무색할 정도로 만추(晩秋) 같은 남자는 그 후 가을 남자로 통했다. 그래도 형형하던 눈빛이 조금은 살아 있는 지금은 중년의 가을 남자가 되었다.

저 안쪽에 앉아있는 키가 자그마하고 얼굴이 귀여운 사람은 '나르키소스'다. 호수에 비친 제 모습에 반해서 물속으로 들어간 나르키소스만큼 미남은 아니지만 앳된 소년티를 벗지 못했던 젊은이. 어머니라 부르며 따르던 그에게 나는 나르키소스라 명명했다. 수도원에서 통학을 하던 그는 과분한 이름을 붙여줬다며 좋아했었다.

맞은편에 앉은 이 사람은 유머러스하고 중후한 멋쟁이였는데 그렇게 원하던 신부 서품을 받았다. 반백이 된 머리가 더욱 멋스러워 보였다.

나는 그 무렵 사랑하는 사람을 먼저 길 떠나보내고 모든 기력을 잃었었다. 온갖 기능이 소진되어 버렸다고 스스로 믿고 있었다. 내가 어디까지 견딜 수 있는가를 확인이라도 하듯 찾아간 곳이 하필 거기였다. 스스로 찾아간 게 아니라 어서 기력을 되찾기 바라는 마음으로 도련님이 날 거기에 데려다 주었다. 결국 도련님의 의중대로 그곳은 사람에겐 사람 이상의 약이 없다는 것을 겨자씨만큼 눈뜨게 해준 곳이었다.

우리는 하늘에 계신 그분을 '하 선생님'이라 불렀다. 누군가의 입에서 그런 호칭이 나오고부터 사석에서는 으레 그렇게 불렀다. 거미 궁둥이에서 실을 뽑아내듯 매일 번뇌를 뽑아내서는 하 선생님 앞에 부려놓고 울부짖었다. 그러나 아무리 절규해도 그분은 쉬이 응답하지 않았다. 다급한 목마름에 달려가서 발치에 부복하면 하 선생님은 한 발짝 뒤로 물러나고 몸을 던져 울부짖으면 두 발짝 뒤로 가버리는, 다가가면 갈수록 물러나는 분이었다. 더는 선생님의 응답을 기대하지 않게 되었다. 그래도 우린 선교학이네, 영성학이네, 윤리학이네, 사회학이네, 불교학까지도 묵묵히 강의를 들었다. 그래도 조건 없이 당신을 선포하는 일에 열을 올렸다. 학기 말에는 고된 시험을 치르느라 너 나할 것 없이 노란 얼굴을 해가지고 난장을 벌였는데 50을 넘긴 나는 체통도 없이 노트에서 요약한 예상 시험 문제를 들고 그들과 함께 책상 위를 사뭇 날아다녔다.

몇몇은 혜화동 로터리에서 거나하게 탁주 한 사발에 취해 멀리 가버린 하 선생님에 관하여 죽었네, 살았네, 이러쿵저러쿵 입방아를 찧고 까불었다. 그해 겨울에도 선생님은 돌아오실 기미를 보이지 않았다. 어디에선가 우리가 가늠할 수도 없는 곳에서 엄청 바쁘게 지내시는 듯했다. 그러나 잊지 않으시고 우리네 음흉하고 까칠하고 모난 것들을 푹 삶을 수 있도록 끊임없이 뜨거운 당신의 파장을 보내오시는 듯도 했다.

반백의 멋진 우리의 사제가 둥그렇게 둘러선 형제들 속에서 파견 미사를 집전할 땐 모두 울먹였다. 눈물의 미사성제가 끝나고 평화의 인사를 나눌 때 서로 꼭 껴안았다. 동그란 원을 그리면서 차례로 서로에게 들어 있는 하 선생님을 으스러지게 껴안았다. 그렇게 애가 타던 오랜 기다림 끝에 선생님은 이제야 나타난 것이다. 매정하게 천리만리 가버린 줄만 알았던 선생님을 비로소 서로의 얼굴에서 보았다.

혜화동 막걸리 집에서 멋대로 짓까불던 선생님의 행방이었다. 철없이 앙탈을 부리며 왜 나에게 이토록 가혹하냐며 침묵하는 선생님을 질타했었는데 연통도 없이 슬그머니 돌아와 계셨다.

모두는 생소한 학문을 익혀서 무엇에 쓴다거나 더구나 신의 학문을 통해 특별히 신에게로 가까이 나아간다거나 하는 거창한 생각 같은 것은 별로 없는 듯했다.

그렇지만 우린 어디에 살든 같은 자루에 든 올갱이들이다. 흩어진 낱알 올갱이는 아무짝에도 소용이 없고 혼자서는 맛있는 국물을 우려낼 수도 없다. 올갱이 하나는 땅에 떨어져 있어도 아무도 줍지 않는다. 한데 어우러져 여럿이서 제 몸을 살라 말없이 맛있는 국물을 우려내는 올갱이들은 위대하다. 사람을 위해 제 목숨을 푹푹 삶아 그윽한 맛의 국물을 만드는 역할을 맡은 우리는 멋있는 파견된 올갱이들이다.

석양이 뉘엿거리는 거리에서 우린 또 손을 잡고 기약 없는 이별로 맘을 태웠다. 갈바람이 불었다. 올갱이국집 앞 포도뿐 아니라 온 서울 천지가 탱잣빛 갈바람에 휩싸여 춤을 추며 흘러가고 있었다.

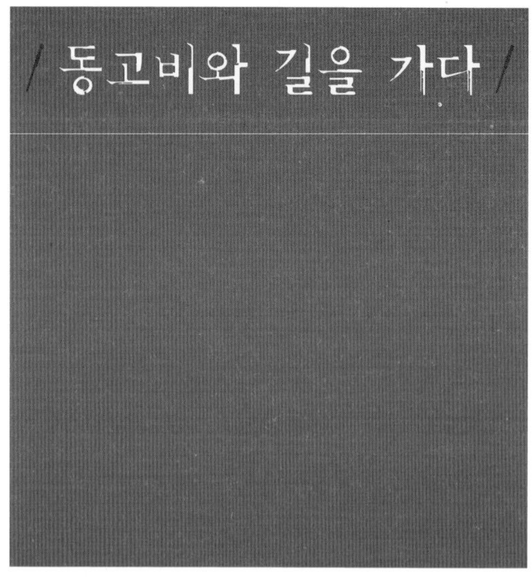

날 저무는 들길엔 벌써 인적이 뜸하다. 한낮에도 별로 사람이 없다. 우수수 우수수 바람이 나뭇잎 실어가는 소리, 새들이 살던 둥지에서 이삿짐 물어 나르는 소리, 안반만 한 해가 산 너머로 잦아드는 소리, 들판 너머로 가늘고 긴 하행 열차가 살모사처럼 꼬리를 감추는 소리가 있어 그나마 쓸쓸하지 않다.

나는 들길을 십 리쯤 걸어가야 있는 큰 시장(대형마트)에 장 보러 간다. 강을 끼고 가는 길과 차도로 가는 길, 두 길 다 산책을 하기에 아름다운 길이다. 차도로 가는 길은 지름길이지만 양껏 달리는 자동차 소음 때문에 강가로 내려가서 멀리 외돌아간다. 강물을 보며 얼마쯤 걷다가 숲길로 들어선다. 지난여름 그리도 빽빽하던 나무숲은 기계충을 앓는 떠꺼머리 녀석의 몰골처럼 볼썽사나운데 그래도 새들이 빈 나뭇가지들을 재재거리며 위로한다.

뱁새, 참새, 박새 할 것 없이 모두 갈색을 띤 흑백영화인데 유독 등줄기에 청회색을 띠고 앞가슴에 노란 털을 가진 동고비는 시네마스코프 총천연색이다. 나뭇가지에서 그네를 뛰던 동고비가 내가 가는 길 앞에 폴짝 내려앉더니 종종종 걸어간다. 먹이를 줍는 것도 아닌데 앞에서 걷다가 옆으로 갔다가 뒤로 처졌다 하면서 줄 없는 강아지처럼 날며 걸으며 줄곧 따라온다. 잡힐 듯이 다가서면 포르릉하고 날아갔다 다시 오며 오리 정도의 길을 그렇게 걸었다. 종로의 비둘기처럼 도통 사람을 두려워하지 않는 게 신통해서 조용조용 새가 날아갈세라 색시걸음을 걷는다.

요즘 해는 서서히 지는 게 아니라 누렁호박 꼭지 떨어지듯 산 너머로 뚝 떨어지고 낭만에 젖을 틈도 주지 않고 먹물을 확 풀어놓는다. 그리곤 삭풍이 불어와 고 어린 새의 깃털을 치켜세워 오소소 떨게 하고 달아난다. 마트의 큰 건물이 저만치 보이는 데까지 와서야 새는 잿빛 하늘로 쏜살같이 날아갔다. 꿈을 깬 것처럼 아쉽다. 장을 보는 동안에도 앞서거니 뒤서거니 따라오던 오돌오돌 겁먹은 새의 쪼끄만 모습이 내내 밟힌다.

내일은 아들이 온다고 했는데 무얼 해 먹일까. 무엇을 제일 좋아하더라? 맞다 '되탕'이다. 콩을 불려 갈은 데다 돼지갈비와 무청 시래기를 듬뿍 넣고 뭉근한 불에 오래 끓여서 맛있는 달래 양념장을 곁들이면 평안도의 일품요리 되탕이다. 지난 날 어린 삼 형제가 둘러앉아 맛있게 먹었었다. 누구를 위해서 음식을 만드는 게 즐겁다. 환성을 지르며 그가 맛있게 먹는 모습을 상상하는 것도 즐겁다. 배를 두드리며 포만감에 미소 짓는 모습도 보기 좋다.

누구를 위하여 옷을 만들어 입히는 것 또한 즐겁다. 두 며느리의 홈웨어를 짓기 위해 옷감을 뜨러 동대문시장엘 갔다. 벌집을 쑤셔놓은 것 같은 장터의 혼잡 속에 두어 시간 나를 버려두는 것도 재미있다. 며느리들은 내 상상의 패션모델이다. 얌전하고 화사한 홈웨어를 입힐까. 아니면 세련된 과감한 컬러의 옷으로 할까. 어떤 엿을 어떻게 자르건 엿장수 마음이다. 나는 짓궂은 디자이너가 되어 천을 고르고 두 여인에게 홈웨어를 입힐 패션을 상상한다. 내가 만든 옷이 사 입는 옷보다 편하다고 마르고 닳도록 입어주는 것이 얼마나 신통한지.

요즘 신기하게 느끼는 일들이 많다. 남이 입어줄 정도의 옷을 짓는다든가 맛있다고 즐겨 먹어주는 음식을 만드는 것 등이 내게 활력을 준다는 사실이 보통 신기한 일이 아니다. 내 친구가 곁에 있다면 천 리 길을 달려 울타리 밖까지 와서 미투리 갈아 신는다고 때 늦은 일이라 핀잔을 줄까. 아이들이 어릴 때 음식 만드는 일이 즐거웠으면 참 좋았을 텐데. 그들이 자랄 때 못 해준 것이 미안하고 후회된다. 우리네 인생도 우리가 써내려간 문장처럼 새로이 퇴고할 수 있다면 얼마나 좋을까. 간추리고 다듬어서 부끄럽고 후회되는 일은 떼어내고 못내 아쉬웠던 일은 보태어서 아름다운 인생으로 거듭날 수 있다면. 그렇지만 살아온 우리 삶이 언제라도 퇴고가 가능하다면 성심을 가지고 열심히 살지 않을 것을 염려하여 일회적인 것으로 지으신 신의 섭리일지도 모를 일이다.

오늘 오후 마트에 장 보러 가면서 며칠 전의 일을 떠올리며 오늘도 동고비와 같이 걸을 수 있으려나 기대하며 나목들이 서 있는 숲길을 택했다. 햇살이 설핏해지면서 찬바람이 일었다. 청회색의 동고비가 어디선가 휙 바람을 타고 날아들 것 같아서 사방을 둘러보았다. 그런데 아니나 다를까 곡예사처럼 느티나무 줄기를 타고 길가에 내려서는 게 아닌가. 다람쥐처럼 나무를 타고 오르내리는 기술을 가진 새는 동고비 말고는 없다.

동고비는 혹여 나를 제 어민 줄 알았을까. 어릴 적 엄마와 둘이 나들이 갈 때 너무 즐겁고 신이 나서 엄마의 손을 놓고 저만치 앞질러서 길가 잡목 숲까지 달려가 덤불 뒤에 숨었다가 엄마가 다가오면 또 뛰어가서 풀숲에 벌렁 누워 엄마 발자국 기다리기를 반복하는 동안 꿈속에서처럼 행복했다.

동고비가 나를 안내하듯 앞질러 날고 걷고 하는 모습은 영락없는 내 어릴 적 모습이다. 그렇다면 엄마가 동고비로 환생한 게 아니라 내가 동고비가 된 모습을 미리 보는 게 아닐까. 터무니없는 상상이 날 즐겁게 하는 동안 그는 여전히 재롱을 부리며 나를 엄호하듯 걸어가고 있다.

내일을 위해 재 너머로 빨건 해가 누렁호박처럼 뚝딱 떨어지고 바람이 마지막 잎을 모아 어디론가 데려가고 새들은 잎이 있는 나무로 둥지를 옮기고 기차는 집으로 돌아가는 사람들을 살모사처럼 신속하게 실어 나르고. 이 따뜻한 세상, 이런 세상 또다시 만날 수 있을까.

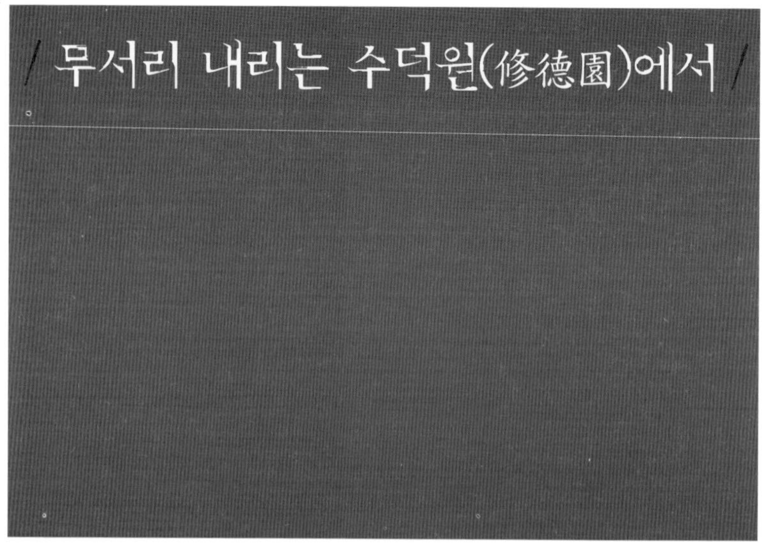

무서리 내리는 수덕원(修德園)에서

수덕원의 마지막 밤은 달빛 업고 기어가는 남생이처럼 소리 없이 깊어갔다. 아까 하늘가에 이내가 낄 때쯤 도착했을 뿐인데 여러 날 묵은 것처럼 마지막 밤이라니 허들허들하다. 하긴 첫날이자 마지막 날처럼 우리네가 산다면야 이 세상도 낙원일 거야.

마지막 다음은 알 수 없지만 하여간 마지막이란 말을 요즘 들어 입에 달고 산다. "이게 마지막일 텐데 뭐, 남은 기회는 없을지 몰라, 조금은 과용해도 돼. 마지막인데 질적으로 좀 살아도 되잖아?" 아이들에게도 걸핏하면 자주 써서 은연중 동정심을 유발해 낸다. 그들은 저희끼리 눈을 맞추고 웃는다. 그 웃음 속엔 아마도 "보아하니 아직 그런 말 하실 순번은 아닌 것 같은데요." 하는 느긋함과 느물거림이 있다. 아무튼, 경전을 외듯이 "마지막이야, 마지막." 이 말을 자주 하다 보면 남은 세욕(世慾)도 조금씩 씻길 것 같아서다.

자칭 나의 독자 모임이라며 모두 네 명이 경기도 교직원 휴양소인 수덕원에 입소했다. 세 사람 모두 나서부터 50여 년 순박한 산촌에서 사는 사람들이다.

"문학이란 건 잘 모르지만 남이 쓴 글을 읽으면 희미하게 기분이 좋아져요, 내 마음과 비슷한 글을 만나면 괜히 더 아늑해지고요." 한사람이 말을 하자 내가 느낀 아늑함을 그에게 나눠 주려고 가지고 갔던 수필 한 편을 낭독하게 했다. 그는 내가 건네준 '전민'이란 사람이 쓴 〈풍선을 날리며〉를 조금 더듬으며 읽어 내려갔다. 전직 대통령의 죽음을 쓴 글이다.

> "복잡한 감정이 얽혀 가슴이 답답해져 왔다. 미안한 생각이 드는가 하면 안타깝고 화가 나는가 하면 연민이 솟았다. 헛헛하고 아릿한 통증, 하고 싶은 말은 많은데 입안에서만 빙빙 돌았다.
> 감자같이 구수한 그가 좋았다. 투철한 신념 뒤에 숨은 그 여림에 끌렸다. 아니, 힘없는 이들을 쓰다듬는 그의 진정성이 좋았다. 불의에 타협하지 않아도 성공할 수 있다는 증거를 보여주는 그가 장하고 대견해서 기꺼이 한 표를 보탰다. - 중략 -
> 김수환 추기경이 하느님을 믿느냐고 묻는 질문에 겸연쩍은 웃음을 지으며 "희미하게 믿습니다."라고 답하던 그의 인간적인 면모를 더 이상 볼 수 없다는 게 나의 슬픔이다. 힘들고 지칠 때 등 기대듯 부르던 '저 들에 푸르른 솔

잎을 보라' 하는 상록수를 다시는 그의 목소리로 들을 수 없다는 것도 나의 슬픔이다. - 중략 -
다듬어지지 않은 언행과 세련되지 못한 처세로 이리 부딪히고 저리 부딪히며 개혁의 열망을 안고 뜨겁게 살다 간 한 사람……. 말본새 없는 것이 아쉬웠지만 그가 없는 오늘은 그런 말투마저 못내 그립다. - 중략 -
몸은 바람처럼 사라졌지만 저 들녘의 망초꽃 같은 무리. 그의 죽음을 애도하는 발길들이 산을 이루고 바다를 이루었으니 그는 외롭지 않으리라……. 나는 바람을 불러 내 마음속 노랑 풍선을 하늘 높이 날려 보낸다."

투박하고 울퉁불퉁한 낭독이 끝났다. 골짝에선 바람 소리가 이는 것 같았다. 새벽녘에 잠이 깨어 창문을 열었더니 잎이 반쯤 지다만 상수리나무 위로, 골짝을 흐르는 개울물 위로, 냇가의 하얀 몽돌 위로 무서리가 낭자하게 내렸다. "야! 첫눈이다아." 나는 창문을 활짝 열어젖혔다. 골짜구니 위에 병풍같이 드리운 싸리비 같은 잡목 위에도 조팝꽃처럼 하얗게 피어난 것은 눈이 되다 만 눈이 될 수 없었던 서러운 무서리였다. 그의 생애 같은 무서리였다.

간밤에 읽은 대통령의 죽음을 애도하는 글귀들이 하늘에 올라 무서리가 되어 저리도 낭자하게 내려왔는가. 창밖에서 엿들은 그가 화답하는 마음으로 푸짐한 무서리를 보내왔는가. 어젯밤 지장산 허리춤의 어두운 계곡을 방황하던 그의 영이 당신의 노랑 풍선 닮은 등불을 발견하고 반가워서 창밖까지 달려 왔었나 보다. 흐뭇한 그의 미소가 밤을 도와 흰 시루떡 같은 무서리를 자꾸만 만들었나 보다.

지장산 산마루에 해가 떴다. 간밤의 무서리는 온데간데없이 사라지고 후박나무 가지에 목에 까만 넥타이를 동여맨 박새 두 마리가 짜지게 울어댔다.

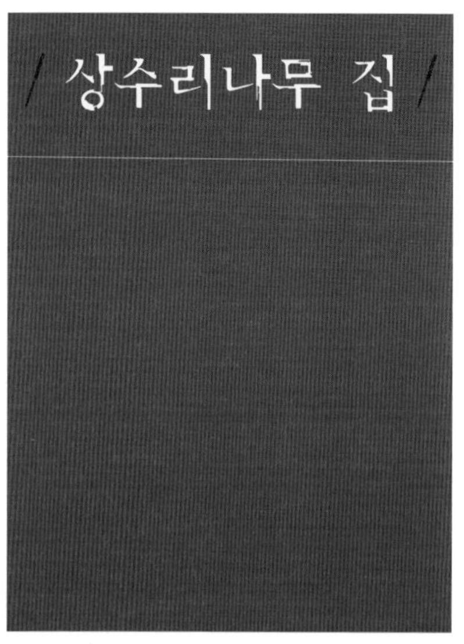

상수리나무 집

덕계에서 양주로 들어가는 초입, 전동열차 철로 변에 남서향을 한 조그만 집이 있다. 숨바꼭질하듯 잡목 숲에 엎드려 있어 눈여겨보지 않으면 거기 집이 있는 줄 모를 것이다. 철로 변이라 하나 꽤 떨어진 곳에 반쯤 돌아앉아 있어 집의 전모를 다 볼 수는 없다. 열차가 달리는 속도 때문에 자칫 놓쳐 버리는데 피곤한 귀갓길에 졸다가도 희한하게 그 집 옆을 지날 때는 눈이 번쩍 뜨인다.

둥치 큰 상수리나무에 가려 안뜰은 보이지 않지만 자세히 보면 갈색 지붕에 베이지색 벽을 한, 세련된 느낌의 집이다. 들녘에서 흔히 보는 빨간 지붕이나 파란 지붕보다 부드러워 보인다.

상수리나무 둘레엔 아카시아가 빼곡하고 그 뒤쪽으로 산 중턱까지 밤나무 숲인 듯하다. 나무숲에 싸인 외딴집은 종일 차 소리를 들으며 산다. 상행 열차와 하행 열차를 수십 번씩 떠나보내면서 차의 소음에도 차츰 익숙해져 그 진동조차 의식하지 않게 되었을까.

텃밭을 가꾸어 자급자족하며 모자라는 것은 양주쯤에 나가 장을 봐 오겠지. 숲 속의 오솔길을 따라 장터까지 나다니겠지.

외딴집엔 어떤 사람들이 살까. 중년을 넘긴 부부가 사이좋게 살고 있을까. 아이들은 도시로 나가 공부를 하거나 직장에 다니고 노부모를 모시며 살고 있을까. 중년의 아낙은 후덕하여 영리에 영악하지 않고 저를 내세우지 않으며 남을 모함할 줄 모르는, 남편에게 사랑받는 덕성스러운 여인이면 좋겠다.

열차를 세울 수 있다면 잠시 그 집 상수리나무 밑에서 쉬어가고 싶다. 내가 타고 다니던 열차가 지나가는 것도 바라보며.

요술을 부리듯 사철 옷을 갈아입는 그 집은 지금 산수유의 노란빛이다. 뱅 둘러 울타리로 심은 조팝나무는 5월에 들어서기 무섭게 하얀 분단장을 하고 허리 굽혀 손님을 맞을 게다. 벽과 지붕을 가릴 상수리나무는 의젓하여 느긋이 움을 틔우는 중인 듯 조용히 수런거리고.

눈이 많이 내린 지난겨울 외딴집은 내내 눈 속에 묻혀 있었다. 쌓인 눈으로 숲과 집의 경계가 없어진 듯 밋밋한 낮은 구릉으로 변해 지나가면서도 그 집을 놓칠 때가 있었다. 나는 따뜻한 이불 속에 들어가며 그 집은 무사할까. 추워서 어떻게 지낼까. 군불이라도 때고 있을까. 눈에 덮여 숲길도 찾을 수 없을 텐데 양식은 있을까. 인가도 없는 막막한 주변이 걱정되었다. 그래도 영민한 아낙은 눈을 녹인 물에 밥을 지을 것이고 엄동을 위해 마련한 땔감으로 남편은 군불을 지필 것이다.

촛불같이 따뜻하고 단란한 집. 지나가는 많은 사람의 눈길을 받는 집. 하루를 영위하느라 지친 이들에게 위로의 빛 같은 그 집이 무탈하기를 바란다.

서울을 출입할 때마다 오가며 그 집 곁을 지나다닌다. 엊그제는 봄단장을 한 듯 말끔한 갈색 지붕이 늦은 아침 햇살에 반짝이고 있었다. 고개를 돌리면 넓은 유리창으로 그 집과 숲과 나무들이 소리치며 달려들어 온다. 한껏 돌린 고개가 아프다. 언젠가 LA에서 태평양 연안 여행을 할 때 탔던 기차는 바닷가 모래사장에 깔아놓은 선로를 달리고 있었는데 기차의 좌석이 모두 옆으로 나 있었다. 바다를 마주 보면서 몸은 옆으로 가고 있었다. 우리도 그런 좌석의 기차가 있으면 좋겠다.

외딴집이 온종일 접할 수 있는 문명은 전동 열차뿐이다. 이른 새벽부터 밤늦게까지 사람들을 태워 나르는 기계를 보고 소리를 들으며 무료함을 삭인다.

돌아가는 찻길에 그 집 옆얼굴을 스쳐 지나며 아 오늘도 잘 지내왔구나 축하하는 마음의 풍선을 조팝나무 울안으로 휙 던져 넣는다.

칠흑같이 두렵고 막막한 어둠 속을 뽀얀 반딧불을 달고 희망의 남행 열차가 내려간다. 모든 것으로부터 격리된 듯 외로운 외딴집을 북행 열차가 다독이며 올라간다. 밤 11시부터 새벽 5시까지만 견디면 첫차가 내려가고 올라간다. 두렵고 외로웠던 밤이 물러나고 찬란한 해돋이와 함께 상수리나무 집엔 또다시 축복이 내린다.

먼 숲에서 해무(海霧)를 피워 올리듯 무연히 젖어오는 봄날, 갓 세수하고 웃는 산골 소년 같은 그 집을 본다.

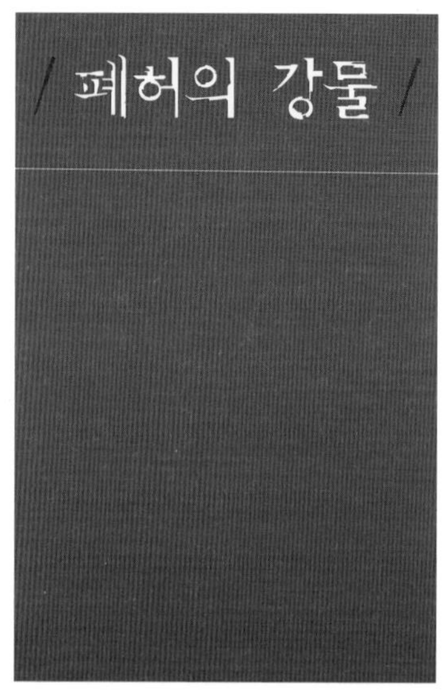

며칠을 두고 비가 퍼붓고 난 뒤 신천 강둑에 나가보았다. 불어난 강물은 진한 검은 빛이다. 기압이 낮을 때 강에서 풍기던 악취는 세찬 물살과 함께 씻겨 흘러갔음직도 한데 여전히 진동한다. 둑에 피어 흐드러졌던 개망초는 다 어디로 쓸려갔는지 일찍 피어난 코스모스 두어 송이만이 얼굴에 진흙을 묻힌 채 바람에 흔들린다.

떼를 지어 나르던 민물가마우지도 냄새가 역겨워 자취를 감춰버렸나. 아련한 강변의 정취도, 물결 따라 흘러가고픈 낭만 같은 것도 잃어버린 지 오래된 강이다. 냄새로 가득한 것들, 인간이 버린 오물과 산업 쓰레기를 모두 쓸어안고 흘러가는 강물이다.

나는 폐허를 보고 그다지 비분하거나 허망해하지 않는다. 그것은 폐허 위에서 다시 꽃이 피어나기를 바란다든지 생명은 폐허로부터 오는 것이기에 그건 새로운 시작이라고 믿어서가 아니다. 허물어지고 남루한 그 정경이 그냥 좋다.

세월이 지나 폐허의 자리에 새로운 형상이 들어선다 하더라도 그것은 이미 본시에 존재했던 것들은 아니다. 나는 지나간 날의 그것들이 그립다. 인위적인 온갖 기술을 투자해서 재현한다 하더라도 그때 깃들었던 그 민들레 포기 같은 노오란 햇빛과 바람은 아닐 터이기에. 되돌아갈 수 없는 그 자취는 영영 다시는 연출할 수 없는 것이기에. 폐허 위에 서 보지 않고 그나마 영화로웠던 날들을 어찌 기억할 수 있으며 그 가치를 짐작할 수 있을까. 나는 속절없이 무너져버린 것들 틈서리에서 괜한 서러움에 빠져든다.

경원선을 따라 한탄강으로 흘러드는 이 강은 지금 온전히 폐허의 모습이다. 헌데 나는 그 참담한 형해의 몰골이 싫지 않다. 지난날의 이 강가는 얼마나 청아하고 다정했을까. 멀리 흘러간 날의 영화를 그려본다. 폐허의 그늘에는 흘러간 날들의 영광이 잠들어 있다. 나는 어차피 폐허 속에 있었다. 거기서 일어났고 나도 모르는 어머니 태중은 어쩌면 아득한 폐허였을지도. 내가 폐허에서 오지 않았다면 이 찬란한 빛을 어찌 빛이라고 감오(感悟)할 수 있었을까.

한국전이 일어났을 때 피난길에서 돌아와 보니 집은 포탄에 맞아 쓰러져 있고 마당의 향나무며 금잔화가 부러져 바닥에 뒹굴고 있었다. 그런데 나는 절망보다 지난날의 그리움이, 빛의 찬란함이 부서진 잔해들을 통과해서 내 폐부에 파편처럼 꽂히고 있었다. 그것은 막막한 절망만이 아니었다. 어둠 속에서 가슴 가득 안아보는 별 무리였다.

장대 같은 비가 사흘을 쏟아 부어 그 진저리나는 악취도 멀리 흘러갔겠거니 하고 빗줄기 뜸한 틈을 타서 폐강을 또 보러 나갔다. 물빛은 여전히 검다. 상류에서 바람이 실어오는 내음은 점차 역해져서 후각을 마비시킬 지경에 이른다. 산책하는 사람도 거의 없다. 민물가마우지 떼와 붕어 새끼들은 여전히 되돌아오지 않고 있다. 오죽하면 제 살던 고장을 영영 떠나버렸을까. 사람들도 먹물 같은 강에서 멀어져 버려 강물은 혼자 외로이 중병을 앓는다.

강변에 줄지어 서 있는 고무 공장에서 흘려보내는 화학 쓰레기와 각종 오물, 그들은 강을 오물 쏟아 보내는 배수관쯤으로 여기는 모양이다. 늘 멀찍이서 바라보다 돌아서는 강기슭, 손 한번 다정히 담가보지 못하는 강물, 맘 놓고 냇바람조차 쏘여보지 못하는 강둑, 아이들의 놀이터로도 자격을 상실한 외로운 강은 말기 환자처럼 격리되어 있다.

어쩌면 이 강물엔 스콧 스미스의 소설 《폐허》에 등장하는 '살인 덩굴'이 있어 사람의 생명을 공격할지도 모른다. 강물에 손이 닿기라도 하면 덩굴 표면에 있는 산성으로 피부를 태우고 인간의 생명을 야금야금 파괴하는 흉악한 괴물이 사는 게 아닐까.

한바탕 비가 쏟아질 것 같은 하늘이다. 어쩐지 바람이 불어오는 어둑한 상류 쪽에서 《폐허》의 살인 덩굴이 검은 물결을 타고 춤을 추며 뻗어 올 것만 같아 몸을 움츠리고 빈 강에서 등을 돌렸다.

사람에게서 버림받은 자연은 어느 날 병이 들고 찬란한 빛을 잃고 깊디깊은 상처를 입는다. 병든 정맥처럼 숨 가쁘게 흘러가는 물결, 냄새를 피우며 추한 모습으로 누워있는 네가 더럽지 않다. 다시 일어날 수 없다 하더라도 혹여 다른 모습의 네가 태어난다 해도 나는 몹시 아팠던 너를 기억할 것이다. 사람들에게, 민물가마우지에게조차 버림받았던 너를 회억할 것이다. 숨을 몰아쉬며 힘겹게 흘러가던 끈끈한 검은 강을, 혈관이 막힐 듯 막힐 듯 조금씩 흘려보내던 이 강물을 애잔해 할 것이다.

내 안의 황량한 도시, 저 폼페이 같은 폐허에 닿아 있던 상한 강물을 잊지 못할 것이다. 우리 사는 땅 위에서 강성했던 모든 기운이 사라지고 퇴락의 바람이 골짝마다에서 불어온다 하여도, 그 바람이 죽음을 실어오는 화성의 모래 폭풍이라 할지라도 나는 황막한 그 폐허의 땅에 서 보고 싶다. 내 본령으로 돌아간 듯한 탄연함으로.

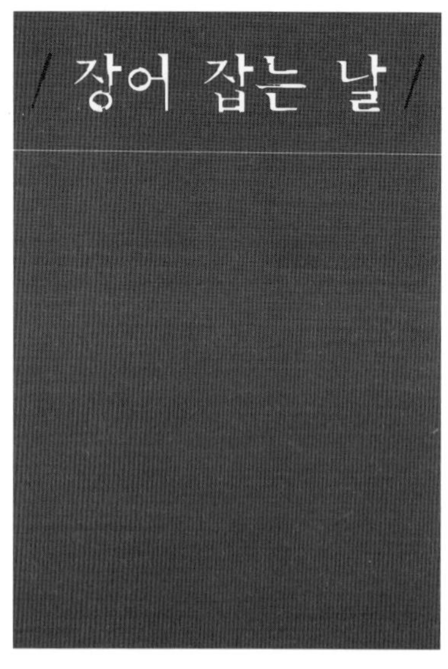

장어 잡는 날

거제도의 선영에서 벌초를 마치고 장정 일곱 명(두 아들, 시동생, 사촌 시동생 셋, 조카)과 다리를 건너서 통영으로 나왔다. 청소년 수련원 안에 축구를 해도 될 만큼 넓은 방을 얻어 짐을 풀었다. 나를 위해 방 하나를 더 얻으려는 것을 고집하여 한 개만 빌렸다. 하룻밤이지만 그들과 한방에서 지내고 싶었다. 이럴 때 아니면 언제 그들과 가까이에서 기탄없이 어울려 볼 건가. 일 년 후를 다시 기약할 수 없지 않은가.

모두 뜨거운 날씨에 옷이 흠뻑 젖도록 땀을 흘리며 30기가 넘는 묘소를 이틀에 걸쳐 벌초를 마쳤다. 묘소가 이산 저산 꽃 뫼와 뒷등과 불탄 바위에 흩어져 있어 세 패로 나뉘어서 산을 뛰어다니느라 젖 먹던 힘까지 다했을 것이다. 얼굴이 토마토처럼 빨갛게 익었다. 오랫동안 면면히 이어져 온 이 아름다운 계승을 묵묵히 이행하는 그들이 사랑스러웠다.

해가 뉘엿거릴 때 우린 숙소를 나와 횟집 '장어 잡는 날'에 들렀는데 손님이 많아 줄을 서서 기다렸다. 남자들은 큰 놈으로 장어 열 마리를 거뜬히 해치웠다. 양념하지 않은 장어를 석쇠에 구워서 초장에 찍어 먹는 맛이 독특했다. 피난 시절 부산에서 고래 고기를 먹어본 적이 있었다. 장어 이상으로 최고의 영양가와 스태미너를 자랑하며 난민들에게 군림했었는데 이제는 전설처럼 희귀해졌다. 고래가 무언지도 얼마나 큰 물고긴 줄도 모르고 역한 비린내를 참아가며 코를 막고 먹었었다. 길거리 어디서나 부산 아낙들이 목침보다 큰 고깃덩어리를 좌판에 펴놓고 얇게 썰어서 팔았다. 이왕이면 '고래 잡는 날'도 생겨서 장어와 함께 성업하면 우리 추억이 한결 빛날 텐데. 그렇지만 고래들! 사람의 손에 잡히지는 마라.

그들은 벌초를 마친 여력으로 장어도 잘 잡았다. 고래가 있었다면 그도 잡고 남았을 것이다. 그들의 왕성한 식욕과 힘이 믿음직스럽고 아름답다.

두 아이도 건강하게 저희 세상을 열심히 헤쳐 나가고, 70의 시동생도 장년처럼 활기차고, 사촌 시동생들과 조카들 꾸밈없이 성실하다. 사람에게서 건강한 모습은 보는 것만으로도 싱그럽다.

수련원의 넓은 방에서 하모 회를 앞에 놓고 소주잔을 기울이며 그들은 밤이 이도록 세태를 논하고 사업 얘기며 사는 얘기, 죽는 얘기를 했다. 새벽녘 내무반 병사처럼 나란히 잠들어 코 고는 모습을 보며 "사는 게 뜻대로 안 되고 힘이 드는 게로구나." 공연히 애잔해져 코끝이 찡했다. 뭐가 사는 게 그렇게 바쁘다고 이들과 좀 더 가까이 다정하게 지내지 못했을까 후회되었다. "우리 형수씨 술 한 잔 하시소." 나는 어디쯤 가다가 이 밤의 정겨운 광경을 회상하게 될 것이다. 소중한 사람과의 정을 다시 곱씹어보게 될 것이다. 나는 아직 사람 사는 정리를 다는 모른다. 하지만 생명은 쓸 수 없되 사랑은 우리가 쓸 수 있다는 것쯤 안다. 남김없이 쓰고 오라고 그것만은 네 맘대로 쓸 수 있지 않으냐고 하늘에선 채근을 하는데.

갈바람이 불어오는 통영의 밤바다를 보며 과연 흘러간 예인(藝人)들이 그들만의 고뇌를 토로했음직한 정기를 느껴본다. 선창에 비친 잡다한 네온 빛이 조금은 촌스럽고 들떠 보이지만 이 항구만이 갖는 독특함이 있다. 저 바다엔 얼마만큼의 예혼이 잠들어 있을까. 얼마만큼의 예광을 뿜어 올릴 수 있을까. 우리가 아직 만나보지 못했던 그 무엇을 드러내 보일까. 나는 수련원의 새벽 숲길을 거닐며 바람을 맞으며 살아있는 자의 아름다움을, 기쁨과 전율을 몸으로 느꼈다.

항구를 떠나는 날 선착장을 지나며 어제저녁의 '장어 잡는 날'의 간판을 열심히 찾아봤지만 눈에 띄지 않았다. 밤새 장어를 너무 많이 잡아 만선의 깃발을 펄럭이며 금의환향이라도 한 것일까. 혹 '장어 잡는 날'에서 있었던 일이 어젯밤의 꿈은 아니었을까. 뱃전에 앉아 있는 갈매기에게 물어볼까 하다가 그만두었다. 행여 "어젯밤의 꿈이 아직 덜 깬 게 아니오? 이 선창에서 늙은 몸이오만, 그런 간판은 듣도 보도 못했소." 갈매기의 목소리가 귓전을 울릴 것만 같아서.

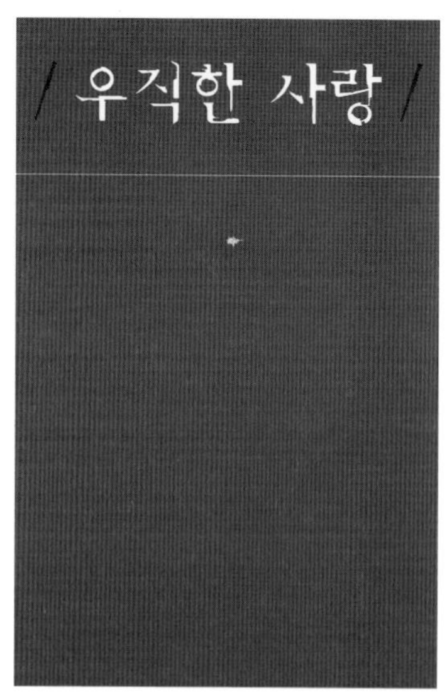

/ 우직한 사랑 /

장편소설 〈공자〉를 쓴 이노우에 야스시(井上靖 1907~1991)는 한 페이지 안에 동일한 문장, 같은 표현을 무려 네 번이나 썼다. 춘추시대의 난세와 공자의 배경과 사상, 그 제자들에 대한 얘기들, 공자가 모국 노나라를 떠나 여러 나라를 전전하며 중원을 방황하던 일들, 중복된 문장을 사뭇 반복했다. 나는 몇 장 안 읽고 무거운 책을 덮어버렸다.

공자가 사랑하는 제자, 자로(子路), 자공(子貢), 안회(顔回), 중에 누구를 가장 높이 평가하며 누구를 가장 큰 사랑으로 감싸 안았는가 하는 대목과, 젊은 안회가 숨을 거두었을 때 '아아 하늘은 나를 장사 지냈도다.' 하며 숨진 애제자를 쓸어안고 비탄에 빠진 공자의 묘사를 수도 없이 되풀이했다.

아무리 소설의 속성이 그러하다 해도 같은 상황을 되뇌고 늘려서 써야 하는 세세한 문장 술이나, 조금씩 조금씩 풀어가야 하는 족제비 눈물 같은 느림의 화술이 감탄스럽다. 나는 소설가가 안되길 잘했다. 아무리 독자에게 절절하고 심오하고 완벽한 상황을 전달해야 한다 하더라도 그 끈질긴 인내력을 감당할 수 없을 것 같다.

원어로 읽는 한자 투성이의 소설 〈공자〉엔 달콤한 로맨스 비슷한 것은 단 한 장면도 없다. 표지에 실린 그림처럼 칙칙한 첩첩산중을 나무 고무래로 철광을 캐듯 읽어 나아가야 한다. 몇 장을 참지 못하고 또 졸음에 빠진다.

지푸라기 하나 보이지 않는 새하얗게 덮인 눈 산을 내다보며 일껏 식힌 머리를 하릴없이 이노우에의 시커먼 탄광 속으로 다시 공자를 향해 들이민다.

작가가 일인칭으로 등장시킨 '나'는 우연히 공자의 일행을 만나 그들에게 숙식의 편의를 보살펴 올리는 공자 교단의 고용인이 된다. 철두철미 그들을 섬기는 자로 오랜 세월이 지난 뒤에야 '언강(蔫薑)'이란 이름으로 남는다. 제자들의 이름 줄에도 끼지 못한 그는 가장 뒷자리에서 그들의 숙식과 잡다한 일을 하며 그래도 행복해한다. 자신이 사랑하는 사람을 섬기는 처절한 기쁨을 '언강'은 체득해 마지않는다. 섬김을 받는 자의 기쁨이 찰나의 것이라면 섬기는 자의 그것은 오래오래 머무는 희열일 것이다.

나는 가끔 아니 자주 이런 생각을 할 때가 있다. 사랑할 시간이 얼마 남아 있지 않은 내가 어떤 일을 도모하든 아무런 만류와 견제도 하지 않고 그저 "그래"의 한 마디와 이처럼 무작정 내가 하는 것을 봐주는 이가 있다면, 미소 지어주는 이가 있어 내가 든든해진다면 하는 생각이다. 그런데 '언강'이 전해 준다.

'인간이 도(道)에 크게 어긋나지 않은 일을 하고 있으면 어디에선가 하늘이 웃어줄 것이다. 그저 "그래!"하는 그 정도지만 그것으로 족하지 않은가. 어디선가 하늘이 보고 있다고 생각하면 고독하지 않다. 또 공자의 말 중에 "하늘이 무엇을 말하랴, 사계절이 오가게 하고 백 가지 생물을 살게 하는데 더는 하늘이 무엇을 할 게 있으랴." 인간으로 태어났으니 제가 하고자 하는 일을 훌륭히 해볼 일이다. 그저 침묵한 가운데 행할 일이다. 이러니저러니 토 달지 말고 묵묵히 할 일이다. 하늘은 큰일을 하고 있지만 늘 침묵하고 있지 않은가. 내가 옳다고 여기는 것을 가만히 하고 있는 인간. 그것을 높은 데서 가만히 보고 있는 하늘, 서로 아무런 말없이…. 이것으로 충분히 족하지 않은가. 이밖에 무슨 말이 필요하랴.' 내가 생각하던 바를 언강이 말해주는 것 같아 그의 술회를 들으며 나는 비로소 고개를 주억였다. 어둡고 차디찬 광맥 같은 소설 〈공자〉에서 따뜻한 인간애를 느낀다.

창밖에 쌓인 눈은 장독을 반쯤 메웠는데 아직 성에 차지 않아 달빛에 물든 자라가 제집 찾아가듯 소리죽여 내린다. '언강'은 여전히 공자와 제자들에게 저녁 끼니를 만들어 올리고 농가의 한 방에선 공자가 좌정한 뒤쪽 끄트머리에 그가 황망히 대령하고 있다. 나는 또 지루해진다. 소설 하나도 독파하지 못하는 근력으로 무엇을 할 수 있을까. 몸은 무거워지고 머릿속은 비어가고, 쥐가 소금 먹듯 이렇게 읽다간 연내로 독파할 수나 있을는지.

창밖에선 새하얀 융단을 깔고 좌정한 공자와 그 일행이 둘러앉아 열띤 강론이 무르익고 '언강'은 행복에 넘쳐 따끈한 차를 쟁반에 받쳐 들고 일일이 권하며 돌아간다.

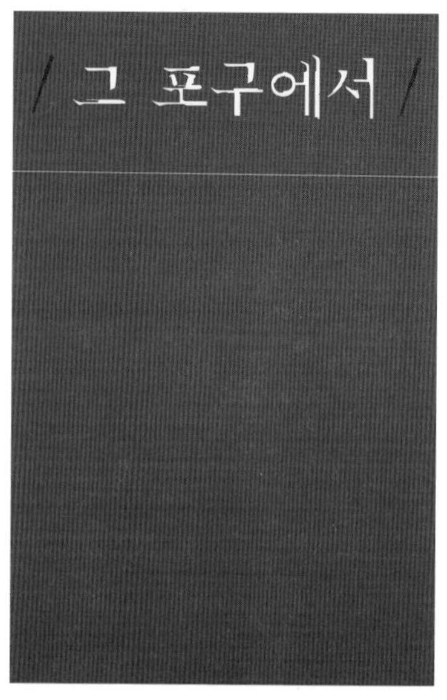

죽변 바다가 한눈에 보이는 언덕에 방 두 개, 부엌 한 칸짜리 집을 얻어 간편한 가재도구를 부렸다. 마치 가난한 신접살림 같다. 오랫동안 부산에서 살던 가족은 대학에 들어간 아이들 셋을 서울에 보내고 남편의 건강 때문에 전지 근무를 하게 되어 둘이이 생소한 포구로 이사를 했다. 격무에서 벗어나 조용하고 바람 좋은 바닷가로 온 후 그는 훨씬 기분이 좋아진 것 같았다.

동해의 갈매기들은 멋쟁이 신사같이 깔끔하고 냉정한 모습이였다. 아무리 초면이라지만 선창에 매어놓은 똑딱선 난간에 앉아 있는 갈매기 표정은 너무 매정스러웠다. 가까이 다가가도 뜨내기에겐 눈길 한번 주지 않고, 모르쇠의 얼굴로 먼 수평선만 바라보고 있었다.

그곳은 모든 게 낯설게 느껴져 사람들조차 정붙이기가 힘들 것만 같았다. 포구 사람들은 경상도 말과 함경도 말을 반반씩 쓰고 있는 듯, 말을 뒤섞어 쓸 때는 새로운 방언을 듣는 것 같아 좁은 우리 땅 위에 이처럼 소통되지 않는 언어들이 아직 남아있다는 게 신기했다. 아마도 지난날 원산이나 함흥 쪽의 사람들이 뱃길로 흘러들어 정착한 언어가 아닐까 추측되었다

포구의 바닷가는 간만의 차가 없으니 탁 트이는 모래펄도 없고 서해나 남해처럼 무연하게 밀려오는 해무에 젖어드는 낭만도 없이 그저 긴 방파제 끝에 높은 파도가 일고 빨간 등대가 외롭게 서 있었다. 멀리서 바라보면 그런대로 쪽빛 위에 하얀 건물, 선창에 매어놓은 배들, 바닷가 우체국을 떠올리게 하는 빨간 등대 등 아름다운 풍경인데 가까이서 보면 우리네 속 살림처럼 어둡고 거칠었다. 공판장에 부려놓은 생선들, 까나리, 명태 오징어가 파닥거리고 고함을 지르는 상인들과 인근의 갈매기들이 모두 몰려와 부산을 떨었다. 그 사람들에게 바다는 낭만도 멋진 시어도 아닌 하루하루를 살아가기 위해 밥을 낚아 올리는 삶의 터전일 뿐이었다. 눈만 뜨면 보이는 시퍼런 바다가 지겨울 것이었다. 나는 집에서도 진한 비린내에 취해 자주 멀미를 했다.

언덕에서 바라보면 마치 바다 위에 지은 듯한, 하얀 수협 건물에 그는 매일 출근을 했다. 부산에서보다 활기차 보이고 기분 좋을 때 부는 휘파람을 자주 불었다. 그는 〈G 선상의 아리아〉나 〈오리엔탈〉을 즐겨 불었는데 먼바다를 보며 〈오리엔탈〉을 휘파람으

로 불 때 옆얼굴이 멋있어 보였다.

어느 날 사무실 젊은 직원이 살아있는 대게를 한 상자 들고 와 부엌에 내려놓으며 "소문에 전무님께선 5개 외국어를 하신다꼬 들었습니다." 수줍어하며 애써 표준말을 썼다. 어리둥절한 나는 우선 엉금엉금 기는 게가 무서워 상자를 엎어놓아 달라고 부탁하곤 그제사 피식 웃었다. 저녁을 먹다가 아까 그 직원의 외국어 애기를 했더니 "틀린 말은 아니네. 미국말, 독일말, 일본말, 음…. 조선말, 한국말, 맞네!" 그는 다섯 손가락을 펴면서 활짝 웃었다.

우리에겐 무료할 때 즐기는 별난 게임이 있었다. 마음이 약해지거나 아이들이 보고 싶을 때, 그는 개구쟁이처럼 장난기가 발동하곤 했다. 그 이름을 '취소 게임'이라고 붙였는데, 가령 상대의 관심을 끌기 위해 죽는 순간의 장면을 연기하는 것이다. 앉아 있다가, 누워 있다가, 혹은 책을 보고 있다가, 갑자기 고개를 떨어뜨리는 연기를 한다. 그러면 상대방이 "빨리 취소합시다." 하며 경고를 하는데 '취소' 란 말을 하지 않고 가만있으면 상대방이 간지럼을 태우려고 폼을 잡는다. 둘 다 유난히 간지럼을 못 참아 "취소 취소!" 하며 무서운 간지럼 공격을 모면한다. "인제 이런 장난 하지 말기." 내가 제의하면 그러자고 하곤 한참 조용해서 뒤돌아보면 이미 그는 장난을 시작하고 있었다.

큰 아이는 재학 중 사병으로 입대했고 둘째와 셋째는 R.O.T.C로 입대하느라 셋이 한 무렵에 군 복무를 했었다. 다 함께 휴가를 내진 못 했지만 이가 빠진 대로 둘도 오고 하나도 오고 해서 떠들썩하니 사람 사는 집 같게 만들어 주었다. 그는 아이들을 만나면 힘이 솟아 청년처럼 어울렸다. 그들 부자는 마치 군문에서 나온 휴가병과 후방의 그리던 친구가 만난 듯 격의 없이 어우러졌다. 나는 그들에게 싸여 전복 회를 만들고 게를 한 솥 찌고 술도 마시고 춤추고 노래하며 행복한 포구의 밤을 지새웠다.

언제나 헤어질 때 눈물 바람을 하는 나를 아이들은 꼭 껴안으며 파이팅을 외쳐 주었다. 지금은 뿔뿔이 헤어져 살지만 아버지가 완쾌하는 머지않은 날 저희도 제대하고 반드시 서울에서 모두 집결할 것을, 그리고 다신 헤어짐 없이 행복하게 살 것을 다짐하며 마치 거사 일을 결의하는 전사들처럼 손바닥을 포개었다.

아이들이 떠나가고 아직 왁자한 웃음소리가 남아있는 공간에서 나는 검푸른 바다 위에 떠 있는 그의 일터를 바라보고 있었다.

조금 전에 누렸던 행복이 추호도 불안하거나 허망하거나 의구심이 일지 않았다. 그건 그 순간으로 완벽한 영원한 기쁨이 돼 버린 것 같은 느낌이 일었다. 그렇지만 가슴 깊은 데서 일고 있는 아픔이, 그가 나보다 먼저 출발할지도 모른다는, 그의 휘파람, 〈오리엔탈〉을 들을 수 없을지 모른다는, 그와 당분간 취소 게임도 할 수 없으리라는 예감 때문에 가슴이 무너졌다. 누구의 시처럼 사람의 가슴이 얼마나 아파야 무너진다는 말을 할 수 있는 걸까.

그러나 다음 순간 짙은 바다 안개에 묻혀버린 아득한 해원에서 행운의 은빛 제비갈매기가 아주 작은 모습으로 은총처럼 나를 향해 날아오고 있었다.

명태의 눈

아이들은 어두한 화물차 안에서 마른 명태 짝을 타고 앉아 끝이 뾰족한 따개칼을 들고 명태 눈알을 열심히 도려내고 있었다. 그들이 한 번 지나가면 명태는 모두 줄줄이 눈알 빠진 불구의 신세가 되었다. 그래도 양심은 있어서 차마 명태 몸엔 손대지 않았다. 원산에서 서울로 운송되는 짐짝은 차 안 가득 쌓여 있었다.

일제강점기 말 우린 강원도 검불랑 두메에서 경원선을 타고 세정거장을 지나 세포면에 있는 소학교에 기차 통학을 했었다. 나는 4학년쯤이었고 통학생은 전 학년을 합해 여남은 명 정도 되었다. 하교 시간이 되면 개개비가 사는 늪지의 갈대밭을 질러서 세포역까지 늘 뜀박질을 했는데 원산발 서울행 열차를 타려면 시간이 빠듯했기 때문이었다. 차를 놓치면 40리나 되는 산길을 걸어야 했고 다음 차는 두 시간쯤 기다려야 오는 화물차밖엔 없으므로 하굣길은 늘 달리는 시간이었다,

책과 필통과 숟가락이 든 알루미늄의 빈 도시락을 보자기에 돌돌 말아서 사내애들은 대각선으로 어깨에 둘러메고 여자애들은 허리에 잘끈 동여매고 달리면 우리 몸은 스스로 탬버린이 되었다. 개개비는 우리 탬버린 소리에 맞춰서 우는 것 같았다.

겨울의 객차 안은 따뜻하고 붐비지도 않았다. 빈자리는 없어도 통로에 서서 언 몸을 녹일 수 있고 앉아 있는 도회지 사람들을 맘껏 구경할 수 있었다. 승객은 주로 삼방 스키장에서 스키를 즐기고 돌아가는 서울 사는 사람들이었다. 기차 칸 세면장엔 키 큰 스키 장비가 가득 세워져 있었다. 두메 아이들은 신기해서 그걸 한 번씩 만져보곤 했다. 저학년 아이들은 객차로 먼저 돌아가고 고학년 아이들은 주로 화물차를 이용했다. 화물차에서 즐기는 재미 때문이기도 했다.

붙들이는 5학년이었다. 아이들에게 자상하면서도 엄한 맏형 같은 붙들이는 통학생 인솔자의 역할을 했는데 그가 큰 눈을 한 번 부라리면 낮도깨비 같은 아이들도 눈을 내리깔고 다소곳해졌다. 붙들이란 이름은 그의 부모님이 지어준 외아들의 아명이었다. 아이를 낳으면 병으로 죽고 낳으면 죽곤 해서 셋이나 잃고 난 뒤 태어난 아들을 이번엔 꼭 붙들어야 한다고 그렇게 지어 불렀다. 그는 몸이 약해 늦게 입학을 해서 열여섯 살의 조숙한 소년이었다. 아이들은 그의 말을 잘 따랐다. 그렇지만 화물칸의 노획물을 노리

는 아이들은 그가 객차로 먼저 돌아가기를 바랐다. 명태 눈깔을 아작 내려면 그의 부라리는 눈이 없어야 맘 놓고 작업을 할 수 있기 때문이었다.

그날도 객차를 놓치고 화물차에 올라탄 우리는 예닐곱 명쯤 되었다. 아니 일부러 어슬렁거리며 객차를 놓쳐 버렸다. 붙들이의 눈치를 보며 그들은 시침 뚝 따고 명태 짐짝 사이를 슬슬 오가며 탐색을 벌이고 있었다. 그가 버티고 있는 한은 꼼짝을 할 수 없었다. '재수 옴 붙었다' 팔짱을 끼고 화물칸에 높이 달린 조그만 창을 내다보고 있는 붙들이를 힐끔거리며 놈들은 주머니 속의 따개칼을 만지작거리고 있었다. 아이들은 허기져 있었다. 점심이라고 강냉이밥 한 덩어리에 짠지 조각으로 때웠는데 그 밖의 먹을 것이라곤 아무것도 없었다. 허기를 면하기 위해서 그들은 명태 눈을 향해 특공대처럼 돌진하고 있었다. 짭짤하고 고소한 그것을 연신 입 속에 넣으면서 내 손바닥에도 놓아주었다.

그날은 정말 재수가 없었다. 기차가 출발하기 전부터 아이들이 작업을 하고 있었지만 그날따라 붙들이는 팔짱을 끼고 못 본 척 묵인하고 있었다. 그때 차장이 육중한 화물칸 문을 열었다. 아이들은 뻘밭에서 게가 제 구멍으로 숨듯 짐짝 사이로 민머리를 박았다. 한 번쯤 붙들이가 눈알을 부라려주었더라면 좋았을걸. 그는 배고픈 어린것들이 측은해 보였을 것이다. 차장에게 끌려간 붙들이는 아이들의 몫까지 매를 맞았다. 그리고 차장은 승차했던 아이들을 모두 내리게 하고 다시는 타지 못한다고 엄포를 놓았다.

그 뒤 아이들은 화물차를 타지 못하게 되었고 사내애들은 배고

픔을 달래주던 명태 눈을 마냥 아쉬워했다. 40리의 두메 길을 걷지 않으려면 객차를 놓칠 수 없으므로 수업이 끝나기 무섭게 교실 문을 박차고 갈대밭을 달려야 했다. 늪지에서 먹이를 줍던 개개비들이 용수철처럼 일제히 튀어 올랐다.

친정 동생 문병 가면서 뭘 좀 사갈까 하다가 그가 잘 먹는 명태찜이 생각나 크고 좋은 황태를 몇 마리 샀다. 거의 반사적으로 그 눈들을 확인했다. 건재한 마른 눈 위로 그 아이들의 얼굴이 겹쳐졌다. 그들의 모습은 선명하진 않지만 물 위에 비친 그림자처럼 흔들리다 사라졌다. 이름이 생각나면 얼굴이 떠오르지 않고 얼굴이 떠오르면 이름이 감감하였다. 그렇지만 하나 뚜렷한 게 있었다. 그들과 함께했던 매 순간순간의 그리움이었다. 그 그리움의 고통이 가슴을 조여 왔다.

명태야, 너희의 먼 조상이 사랑스럽고 개궂은 손들에 의해 눈알을 도둑맞은 일이, 그리고 그 눈이 그들의 허기를 덜어준 갸륵한 보시였다는 사실을 너희는 알고 있는지 모르겠구나.

"병 없는 사람이 어디 있소. 내장이 상해삐리든가, 어디 뼈가 뽀사지든가, 씨잘데기 없는 혹이 생긴다든가 해서 사람들 엔간한 병은 다 가지고 사는갑소. 병이 있는 자와 없는 자의 구분도 벨 없는 기지요. 병 없이 살다 어느 날 훌쩍 떠나는 기 소원이지만 택도 없는 일이고…. 마지막에 그 누군가가 남루해진 우리를 보쌈해 짊어지고 가서 기가 맥힌 좋은 곳에 풀어놓을 것 아니겄소. 그라이 보쌈당하는 날꺼정은 살아야 안 되겄소."

오후 네 시쯤 올라탄 열차 안은 평소처럼 후덥지근하지 않고 썰렁하니 추웠다. '보쌈'이란 말에 옆에 앉은 사람을 흘깃 바라보았다. 촌로로 보이는 남자가 계속해서 얘기를 하고 그 옆에 앉은 중년의 남자가 묵묵히 추임새를 넣듯 고개를 끄덕이며 듣는다. 안색으로 보아 환자인 듯하다.

차창 밖은 천지가 흰 눈에 덮였는데 그것으로도 성에 차지 않는지 흐느적거리던 눈이 끈질기게 내리더니 급기야 쟁반만 한 눈송이로 변했다. 공중에서 크고 거뭇한 눈의 파편들이 순교자처럼 달려와 넓은 차창에 부딪혀 산산이 부서졌다. 이윽고 열차의 속도가 느려지고 슬그머니 주저앉고 말았다. 폭설로 인해 잠시 열차 운행을 지체한다는 역무원의 방송이 있고 난 뒤 앞의 차 칸에서 기타를 둘러멘 젊은 남자가 건너와서 저쪽 출입구 통로에 자리를 깔고 앉았다. 그리곤 기타를 치기 시작했다. 연주자는 팝송에서 트로트까지 지나간 추억의 아련한 선율들을 쏟아 놓았다. 폭설의 포로가 되어 조금 불안하던 승객들은 느닷없는 고혹적인 선율의 세례를 받으며 난데없이 보너스를 받은 즐거운 표정들이다.

속수무책이던 열차는 쏟아져 내리는 적군의 진격을 뚫고 그래도 서서히 행군하고 있었다. 잠시 후 맞은편에 앉아 있던 다섯 살쯤의 흑인 여자아이가 살랑살랑 춤을 추듯 기타 치는 남자에게 다가가더니 리듬에 맞춰 앙증맞게 춤을 추기 시작했다. 사람들은 함성을 지르며 손뼉을 치는데 흑인 여인이 뛰어 나와 아이를 데려가서 야단을 치는 것 같았다. 비록 피부는 검지만 모녀가 다 예쁘게 생겼다. 얼마 후 경쾌한 댄스곡이 흘러나오자 아이는 엄마의 손을 뿌리치고 기타 쪽으로 달려가 춤을 추기 시작했다. 엄마는 바로 달려가서 끌다시피 데려오고 새로운 음악이 나오면 아이는 달려나가고 엄마는 또 끌어 오는 모녀의 실랑이를 승객들은 미소를 머금고 바라보았다. 주체할 수 없는 끼를 타고난 아이를 한사코 제지하면서 엄마는 딸이 현숙한 소녀로 자라기를 바라는 마음이었을까.

차창 밖은 하얀 눈이 춤을 추고 차창 안에선 흑인 아이의 까만 꽃잎이 나풀나풀 춤을 추고 있었다. 하얀 눈꽃 춤은 내 안에 가득가득 그리움을 채워주고 까만 꽃잎 춤은 애련한 아픔으로 먹먹하게 했다.

여전히 눈은 퍼붓고 시종 얘기를 들으며 끄덕이던 남자는 잠에 떨어졌다. 사투리를 쓰던 남자는 몸을 옆으로 비틀고 앉아 하염없이 창밖을 바라보며. '눈이 그만 와야 할낀데 비닐하우스 지붕이 무너지면 볼 장 다 보는 긴데.' 혼자 중얼거렸다. 농사를 많이 짓느냐고 묻자,

"오이와 토마토 상추 같은 푸성귀를 쪼매 합니다. 그런 걸 해서 묵고는 사는데 집안에 우환이 겹쳐서 사는 기 사는 게 아입니다. 안사람과 시집간 딸이 모두 중병입니다." 한숨을 내쉬고 그는 또 혼자 말을 하는 것 같았다.

'나도 저 눈의 춤사위처럼 펄렁펄렁 춤을 출 날이 있을까. 속앓이로 옹이진 퍼런 멍들을 낱낱이 풀어 던지고 저렇게 몽환처럼 춤을 출 수 있을까. 남을 위로 한답시고 그리 말은 했지만 누가 내 누더기 같은 마지막을 보쌈해 가겄나. 가져가 무엇에 쓸라고. 기가 맥힌 좋은 곳이 있기나 할 끼라고.' 그의 푸념은 눈발 사이로 새로운 세상을 꿈꾸듯 중얼거렸다.

고래가 입을 크게 벌리고 플랑크톤을 빨아들이듯이 찰나적인

나의 생명 현상에 불멸의 세계가 밀려들어 오는 순간을 느낀다. 집으로 가는 하얀 길, 아직도 지치지 않은 눈은 춤을 추며 내려오는데 발자국이 찍히지 않은 파란 눈 속을 푹푹 빠지며 걸어간다. 눈은 길도 잃지 않고 나팔 소리처럼 장하게 내려오는데.

환(幻)

2

섬으로 시집가서 부모님을 여읜 어린 시동생들과 함께 살았다. 동구 밖에 부모님이 남기신 넓고 덩그런 외딴집에서 우리 앳된 부부는 동생들을 품으며 그래도 새끼 기러기처럼 오순도순 지냈다.

섬돌 위에 서서 대문 너머 먼 데를 바라보면 드넓은 보리밭과 그 건너 바다 사이에 짙푸른 소나무가 작은 숲을 이루고 있었다. 바다보다 넓은 무연한 보리밭 끄트머리에 잉크를 지린 것처럼 바다는 아주 조그맣게 보였다. 보리가 자라면서 바다는 더욱 작아졌다. 보리밭이 작은 바다를 업고 기다란 솔숲이 포대기에 띠를 두른 것처럼 보였다. 때때로 먼바다에서 불어오는 바람이 풋보리들을 눕혔다 일으켰다 하며 그들을 살찌우고 있었다.

시외할머니는 길도 없는 보리밭을 질러서 쉬엄쉬엄 헤엄쳐 오시곤 했다. 걸을 때 허리를 ㄱ자로 굽혔던 할머니는 쉴 때는 꼿꼿이 서 있었다. 보릿대에 묻혀 한참 보이지 않다가 더는 숨을 못 참을 때쯤 보리 이삭 위로 얼굴을 내밀고 “후여어” 하며 휘파람 소리를 내었다. 한 손에 떡 소쿠리와 또 한 손엔 손잡이에 갱엿 보자기가 대롱대롱 매달린 지팡이를 짚고 있었다.

할머니는 길을 만들며 오시곤 해서 늘 방향이 달랐다. 남쪽에서 오시는가 하면 어느 때는 동쪽에서도 오셨다. 바람이 자는 날 아득한 초원에서 기름같이 잔잔한 보리 물결이 장난치듯 해작이면 우린 섬돌에서 내려와 보리 바다로 뛰어들었다. 나는 감꽃이 피기 시작할 때 낳은 아기를 안고 신랑과 도련님과 애기씨를 대동하고 할머니를 마중했다. 할머니의 옷자락엔 구수하고 달큰한 풋보리 향기가 배어 있었다. 백발을 곱게 빗어서 쪽지고 은비녀를 꽂은 할머니는 참으로 단아했다.

할머니는 그렇게 바다를 헤엄쳐 와 어미 없는 손자들을 만나고 어린것들의 모습을 가슴에 담고 사래 긴 보리 이랑을 허리를 꺾고서 나비 헤엄을 치며 수평선 쪽으로 사라져갔다.

한국전쟁 직후 내일을 기약할 수 없는 암울한 시기였지만 보이지 않는 손이 우리에게 축복 같은 기운을 보내주는 것 같았다. 알 수 없는 일이었다.

섬엔 그저 그지없이 평온한 하루하루가 찾아왔고 삶에 대한 신산한 현실을 심각하게 느낄 겨를도 없이 건성건성 시간이 흘렀다.

시간이 흐르고 흘러서 때가 되어야 알 수 있는 것들을 그때 어떻게 알 수 있었을까. 알 수 없는 대로 철없이 즐거웠고 들판에서 불어오는 바람은 상쾌하고 봄부터 뒷산에선 산 꿩이 새끼를 치는지 분주히 울어댔다.

나는 새로 얻은 섬 가족을 위해 밥을 짓고 빨래를 하면서 헤어졌던 식구를 찾은 듯 낙낙함 속에서 첫 아들도 얻었다. 생에 가장 순수한 시절이었다. 생의 끝자락에 와서야 알게 된 숭고한 일상들이었다. 절망과 고통의 시간이었다 해도 지금 와서 그것이 아름답게 비치지 않을까만 그건 진정 사랑스러운 시절이었다.

그런 가운데서도 남편과 나는 날마다 그 무엇이 우리를 찾아오기를 갈망했다. 다가오는 것이 무엇인지 전혀 예상할 수 없는 것일지라도 그것이 여린 손목을 잡아 일으켜주기를 갈구했다. 그러면서 막연히 기쁜 일이 찾아올 것만 같은 예감에 싸여있었다. 어쩌면 할머니는 그 예감의 상징이었는지도 모를 일이었다.

열흘에 한 번쯤 우리는 둥지 안의 새끼 기러기처럼 섬돌 위에 올라 아득한 지평선 쪽에서 곱게 빗은 보리 물결을 해작이며 다가오는 할머니를 기다렸다. 고립된 마지막 요새로 숨어서 다가오는 하얀 구원병을 기다렸다.

나는 지금 보릿대처럼 촘촘한 자동차 물결을 헤치며 자욱한 매연 속으로 손자들을 보러 가고 있다. 아마도 손자들에겐 그 시절 우리가 섬돌 위에서 할머니를 기다린 것 같은 간절함이야 없을 테지만 그 포근함도 있을까만, 저희야 어떠하든 나는 지금 보리 바다를 누비던 할머니의 환생이고자 한다.

양손에 쑥 굴레 떡과 갱엿 꾸러미를 들고, 잔가시처럼 까슬까슬한 보리 수염이 허리춤을 간지럼 태우는 보리 바다를 끝없이 헤엄쳐가고 싶다. 보리 물결 가르는 돛단배 되고도 싶다.

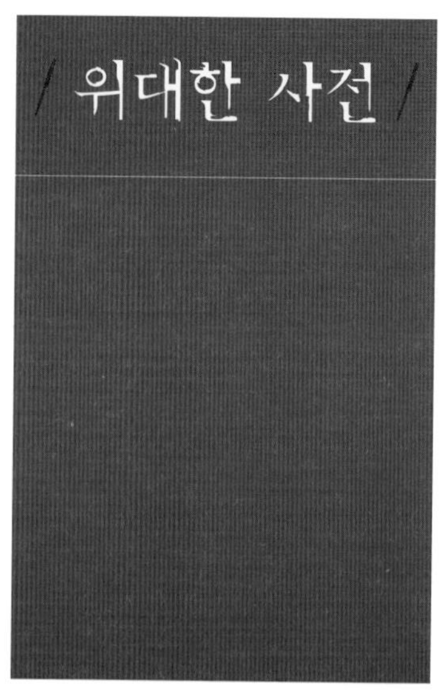

위대한 사전

택배 회사에서 보내온 무거운 소포 박스를 받았다. 포장 윗면에 황토 출판사라고 적혀있었다. 소포에선 내가 가지고 있는 어느 책보다 어느 사전보다 가장 큰 책이 나왔다. 금박으로 '우리말 글쓰기 연관어 대사전'이라고 쓴 두께 10센티 정도의 책이었다. 사전은 상 · 하편의 두 권으로 상편은 자음 편이고 하편은 모음 편이다. 남쪽에서 출간한 북쪽의 대사전이었다.

우선 그 크기와 부피에 압도되어 멍한 상태에서 기억을 더듬었다. 아! 그 출판사, 지난 늦여름에 잠시 들른 적이 있는 곳이다. 아마 내 수필집을 받은 감사의 표시로 과한 선물을 보내온 것 같다.

황토출판사는 그 옥호만큼이나 포근하고 그 주인 인상도 황토처럼 따뜻해 보였다. 삼면이 서가인 넓은 방에 일면을 가득 채우고 넘친 빛바랜 원고들은 북쪽에서 오랜 기간을 거쳐 보내온 사전 제작을 위한 자료 원고라 했다. 서가에 가득한 원고 속에선 민초들의 갈급한 외침의 웅성거리는 소리와 혁명이란 푸른 기치 아래 희생된 수많은 영혼의 서러운 푸념이 고수의 북소리처럼 아련히 들려오는 것 같았다. 모서리가 떨어져 나가고 짙은 베이지색으로 퇴색한 원고는 훼손을 막기 위해 한 무더기씩 비닐봉지에 싸여있었다. 그것들을 만져보았다. 차가웠다. 황량한 들판에 버려진 온기 없는 유해들이 거기 누워 있었다. 수십 년에 걸쳐서 보내온 피 맺힌 원고들이라고 출판사 대표는 거듭 말하고 있었다. 각박한 체제하에서 집필한 그 원고들은 어떤 경로를 통해 운송 되어 왔을까. 어떻게 여기까지 올 수 있었을까.

지금 내 손에 들어온 이 귀한 소포는 북쪽에서 만들어져 고달픈 집배원의 발품으로 산 넘고 강 건너 송달된 것처럼 느껴진다. 그럴 리가 없는데도 진한 석유 냄새와 함께 그쪽 바람 냄새가 묻어왔다. 왜 이렇게 가슴이 두근거릴까. 60여 년 전의 고향 냄새다. 어떤 냄새라고 지칭할 수 없는 이 독특한 내음은 그냥 무작정 그리운 눈물 같은 냄새다. 소포에 붙은 스티커에 보낸 사람의 주소가 분명 동대문 무슨 동이라 쓰여 있는데도 나는 막무가내로 방금 분단선을 넘어 고향이 내게로 보내온 것이라고 믿고 싶은 것이다.

행여 사전 갈피에 어머니 사진이라도 끼어 있지 않을까. 낯익은 북녘 사투리가 무수한 행간에 어머니 글월 한 줄 이라도 적혀 있지 않을까. 들 수도 없는 무거운 사전을 방바닥에 내려놓고 주르륵주르륵 뒤로 갔다가 또 앞으로 오며 두꺼운 부피의 종이를 마냥 주름잡고 있었다.

비록 창작은 아니라 할지라도 한사람이 해낸 작업은 아니라 할지라도 그 엄청난 글의 부피를 세상에 내놓기 위해 연구 집필했던 그곳 학자들의 고군분투하는 모습이 보이는 것 같았다. 300페이지도 못 되는 수필집 하나 내는데도 휘청거릴 만큼 힘이 드는데 무려 2천 3백 페이지가 넘는 대사전 그것도 깨알보다 작은 글체니 몇 십 배의 공이 들었을 초대형의 제본이다.

"북한의 학자들이 수십 년에 걸쳐 노력한 결실로서 발간되는 본서는 단순한 사전적 기능뿐만 아니라 단어와 연관된 문학적 표현에 이르기까지 다양한 범위에서 우리말 활용에 대한 방법을 제시하고 있으며…. 잊힌 우리말 표현들을 발굴하는 데 있어 크나큰 역할을 담당할 최초의 사전이 될 것입니다." 황토출판사 대표는 머리말에서 이렇게 서술하고 있었다.

때론 가슴에서 요동치는 그 무엇이 있어도 폭탄처럼 터뜨리고 싶은 울분이 끓고 있어도 그것을 대신해주는 언어를 찾아내지 못해 모대길 때가 있다.

무주구천동에 올라 굽이굽이 흘러내리는 산의 정기에 묻히노라면 우린 묘사의 기능이 마비된 듯 멍청해지고 무감각해지기도 한다.

사전의 저자들은 창작가들과 문필가들이 어떠한 대상이나 현상들의 적중한 말을 찾도록 체험에 토대하여 고심참담한 연구 끝에 이 사전을 집필하였노라고 말하고 있다.

국어사전에서 "눈석이"라는 단어를 '쌓인 눈이 녹아 스러짐'이라 단순 표기한 데 반해 우리말 글쓰기 연관어 대사전에선 '이른 봄에 겨우내 쌓였던 눈이 녹아내림' 이라 쓰고 〈결합〉에서 '얼어붙은 강 위에 질펀히 흐르는 눈석임물. 또는 얼음덩어리가 흰곰처럼 웅크리고 바다로 바다로 떠내려가더니 제풀에 녹아내렸다.'고 표기하고 있다. 이 대목 얼마나 생신한 문학적 표현인가.

사전은 갈피마다 행간마다 숨어있는 은밀한 언어들이 곡예를 하고 우리는 그 홍수 같은 말들의 수풀 속에서 참신하고 아름다운 것들을 사냥한다.

언어의 사전은 냉철한 규범만이 존재하는 듯하지만, 우리로 하여금 무한정 유연한 문학적 표현의 자유를 누리게도 한다. 사전! 우리 갈망을 표현하게 하는 언어의 영원한 고향이여, 언어 연금술사의 아름다운 사금 밭이여.

무명 시인께.

몇 해 전 우연히 어느 사이트에서 시인의 글을 읽은 뒤 어쩌다 한 번씩 들어가 보게 되었습니다. 어딘지 무모한 듯한, 그리고 직설적인 표현에 끌렸습니다. 그런데 오늘은 저의 칠우회에 관한 얘기를 들어 주실는지요.

어느 날 우연히 일곱 명이 모여, 선뜻 칠우회(七愚會)라 명명하고 석 달에 한 번씩 만났습니다. 60대에서 80대까지 나이에 대한 개념도 없었지요. 한 사람의 어리석음도 태산 같은데 일곱 사람의 어리석음을 한데 모았으니 그 의기로 투합한다면 무슨 일을 저지를지 난감하기도 합니다. 젊은 패기도 아닌데 무슨 걱정이냐며 웃으시네요.

칠우회의 '우'자가 '벗 우'자가 아니고 '어리석을 우'자라는 게 모두의 마음에 쏙 들었습니다. 신기한 일이지요. 어리석을 '우'자가 마음에 들다니.

애초에 어머니 태중에서 들고 나온 것이 어리석음의 보따리인데 그것이 인간 본연의 모습이라면 새삼 신기한 일도 아닌데 말입니다.

옛날 《백이전(伯夷傳)》을 1억 1만 3천 번을 읽었다는 독서광 둔재 시인 김득신(金得臣)이 떠오릅니다. 그가 어느 날 "바람 부는 가지에 새의 꿈이 어지럽고" 란 시 한 구절을 얻었는데 알맞은 대구를 잇지 못하고 있다가 선친의 제사를 지내던 밤, 잔을 들고 제주를 막 올리려는데 갑자기 "이슬 젖은 풀잎에 벌레 소리 젖누나." 란 구절이 떠올라 저도 모르게 큰 소리로 앞 뒤 구절을 읊조리고 망부에게 올리려던 제주를 그만 자기가 마셔버렸다는 얘기 말입니다. 어딘지 따뜻한 미소가 자꾸 배어나게 하지 않나요. 아름다운 어리석음이 아닌가요.

사람에게 무모한 어리석은 구석이 없다면 온통 현명함만으로 가득 차 있다면 어찌 사람 사는 세상이라 할 수 있겠습니까.

석 달 동안 온갖 세상사에 젖어 살다가 칠우인이 모여서 한바탕 회포를 풀고 푸념하고 더러 모난 성정도 드러내며 판관처럼 서로 어설픈 판정도 내린답니다. 언제까지나 살 것처럼 떠날 일정을 까맣게 잊고 그저 세상일에 묻혀서 얕은꾀도 부리고 이일 저일 집착하면서 정말 어리석은 빼꾸기가 된 것은 아닐까 할 때도 있습니다. 그러니까 빼꾸기는 이기적이고 잔인하고 뻔뻔한, 아름답지 못한 어리석음을 안고 평생 살아가는 거겠지요.

전광석화처럼 빠르게 돌아가는 요즘 세상에서 조금 느리고 어눌하고 꽤나 무식하지만 따뜻하게 사람을 감싸는 우매함이, 그 둔탁함이 무척 그립습니다. 더디게 더디게 행복하게 돌아가던 시간은 모두 어디로 갔을까요. 빠르게 빠르게 숨 가쁘게 허덕이며 맞는 시간 속엔 우리가 꿈꾸던 젊은 날의 열망들은 어디에도 보이지 않습니다. 얼마를 더 살아야 울안 조팝 꽃잎에 언약한 행복을 누릴 수 있을까요.

세상에서 말하는 어리석게 산다는 것은 어떤 것일까요. 그건 그저 아무 생각 없이 너와 나조차 분별하지 못하고 시간이 흐르는 대로 따라 멍청히 흘러가는 것이 아닐 것입니다. 집착 없이 욕망 없이 자만 없이 간교함 없이 살며, 세상이 조금은 허망하고 무위하며 덧없음을 터득한 삶이 아닐까요. 그렇다면 진정한 어리석음이란 착하고 아름다운 삶이 아닌가요. 이 아름다운 어리석음을 지니고 남은 여정을 가고 싶네요.

고향에 호반이라는 청년이 살고 있었지요. 형제들이 많았는데 어려서 모두 죽고 호반이 혼자 남았습니다. 그의 부모는 외아들마저 잃을까 봐 좋다는 약은 다 먹였지요. 약의 과용인지 그의 지능에 이상이 생겨 멍청한 아이가 돼 버렸어요. 그의 머릿속엔 늘 짙은 안개가 끼어있어 아무것도 식별할 수가 없었습니다. 장터에서 국수 장사를 하는 부모를 도와 나무 지게를 지는 오직 나무만 할 줄 아는 나무꾼이 되었답니다. 그런데 숲 속에만 들어서면 호반이 안에 가득 메우고 있던 안개가 조금씩 걷히는 것 같았어요. 나무를 한 짐 해서 부려놓고 전나무 둥치에 앉아 있노라면 어느새 청설모와 토끼와 딱새까지도 기웃거리며 그의 발치에 모여드는 게 너무 사랑스러워 호주머니에서 콩이며 뻘똥을 꺼내 돌짝 위에 올려놓으면 그들은 기다렸다는 듯 먹어치웠지요.

그의 숲 속은 가장 순결하고 지순한 사람만이 읽을 수 있는 책의 세상과도 같았습니다. 호반이는 자신을 결박했던 온갖 장애물을 벗어버리고 낙원에 든 것처럼 평화로웠습니다.

결국, 우리를 결박하고 있는 것은, 순결하고 지순한 영혼을 자유롭지 못하게 가두어버리는 현명이라는 이름의 포승줄이 아닐는지요.

이름 없는 시인 당신처럼 이름이 없어도, 디디고 설 땅이 없어도, 삶이 각박하여도, 별 대신 빵을 세지 않으면 안 되어도 그런대로 좋지 않은지요. 몸을 가려줄 지붕이 있고 가족이 있고, 친구가 있으니.

끝내는 우둔한 장막을 뚫고 우둔한 서로의 마음을 통해서 눈부신 한 송이 꽃이 세상을 향하여 열리는 신비로움을 기대해봅니다.

칠우회 !

우리가 아름다운 어리석음으로 지상에 머물렀던 자취와 사랑했던 흔적마저도 종내는 바람에 휘말려가겠지만 말입니다. 그래도 칠우회는 아름다운 어리석음으로 뭉친 고향입니다. 여섯 사람의 아늑한 모습에서 고향을 봅니다.

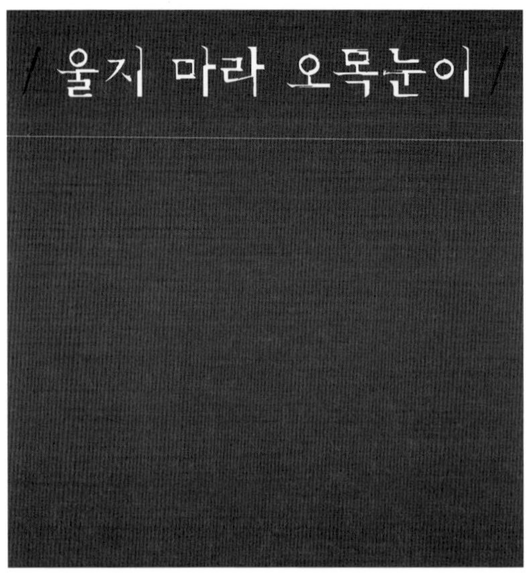

붉은머리오목눈이는 볼품없는 우리나라 텃새다. 뱁새라고도 부르고 어느 지방에선 배바리라고도 부른다는데 동네 밖 잡목 숲이나 나지막한 덤불을 떼 지어 헤집고 다니는 오목눈이는 사철 볼 수 있는 몸집 작은 흔한 새다. 어릴 적 고향에서만 보았던 새라 흔하지 않은 깊은 산중에만 서식하는 희귀한 새인 줄 알았다.

특별히 머리가 붉은 것도 아닌데 몸 전체 색깔이 황토 갈색인데도 붉은 머리라는 이름이 붙은 것은 조류 연구가들의 이런저런 견해의 결과일 것이다. 차라리 오랫동안 불러왔던 뱁새가 나을 것도 같은데. 아무튼, 붉은머리오목눈이는 평범한 새지만 특별하고 훌륭한 번식 형태를 가지고 있다.

곱고 애절한 울음으로 우리 마음을 송두리째 앗아가는 뻐꾸기는 스스로 번식할 수 없는 탁란성(託卵性) 조류(다른 새의 둥지에 알을 낳는 새)로 하필 오목눈이 둥지에 산란을 한다. 다른 새 둥지도 많건만 거의 오목눈이 둥지를 표적으로 하는 이유가 뭘까. 왜 유독 뻐꾸기는 남의 둥지에 알을 낳지 않으면 안 되는 운명을 타고났을까. 새보다 더 작고 보잘것없는 미물들도 번식의 의무와 양육의 의무를 다하기 마련인데.

아마도 산 너머에서 들려오는 단장의 뻐꾸기 울음은, 이집 저집에다 몸을 풀고 단 한 번도 제 손으로 제 새끼를 키워보지 못한 한 맺힌 호곡의 소리일 게다.

오목눈이 둥지에서 하루쯤 먼저 부화한 뻐꾸기 새끼는 오목눈이가 먹이를 구하러 나간 사이에 그의 알과 새끼를 등으로 밀어 둥지 밖으로 떨어뜨리는 잔인한 행위를 한다. 그리곤 천연스럽게 오목눈이가 물어 온 곤충을 받아먹고 성장한다. 몸길이 13센티의 붉은 머리 오목눈이가 몸길이 33센티로 몇 배나 큰 뻐꾸기를 길러내야 하는 어처구니없는 이중의 인고를 겪어야 한다.

오목눈이는 왜 강인한 모성애로 뻐꾸기의 탁란을 거부하지 못하면서 제 새끼는 지켜내지 못할까. 둥지 아래 떨어져 죽은 눈도 뜨지 못한 갓난것을 보며 몸을 떨었을 오목눈이, 눈물에 젖은 먹이를 황소만 한 뻐꾸기 새끼 입에 넣어주면서 얼마나 통분했을까. 먹이를 줍다 말고 하늘을 바라보는 오목눈이의 작은 등이 동그랗게 굽었다.

다시는 포태하지 않으리라. 둥지도 만들지 않으리라. 터무니없는 미친 짓은 단연 사양하리라. 하루에도 몇 번씩 다짐하지만 무엇에 홀린 듯이 원수에게 먹이를 물어다 주는 오목눈이다. 그를 통째로 삼킬 듯이 먹이를 재촉하는 새끼 뻐꾸기의 빨간 입속이 소름 끼치도록 두렵다.

뻐꾸기의 이 미쳐버린 것 같은 유전인자는 도대체 무엇인가. 눈도 안 뜬 핏덩이가 저보다 약한 생명을 어찌 해칠 수 있을까. 필경 이는 미친 유전자의 난동임이 분명하다. 유전인자가 자손에게 물려 줄 형질(形質)을 지배하는 기본 인자라면 뻐꾸기의 난폭한 성질은 온전히 미쳐버린 유전자의 지배를 대대로 받고 있음이 분명하다. 가령 그것이 피할 수 없는 자연 질서와 생태 비밀의 오묘함이라 하더라도 가련한 오목눈이에게 지워진 짐은 너무 가혹하다.

바람도 없는 날 너멋골 골짜기서 울어대는 뻐꾸기 소리는 십 리 밖까지 낭랑하게 들린다. 그 울음소리는 너무 간절하고 애절해서 한 번 발성하는데도 온몸의 에너지가 다 소모되므로 그만큼 수명을 단축한다든가 하는 그런 비밀이 혹 있는 것은 아닐지. 그래서 자연의 주인은 그에게 부화와 양육의 책임을 면제해준 것이 아닐지. 어느 새의 울음소리보다 사람의 마음을 포근히 감싸주는 아늑함을 보내오는 소리가 숲 속에서 그치지 않기를 바라서일지도 모르지. 그렇다 하더라도 작고 연약하여 대적할 수조차 없는 오목눈이를 겨냥한 것은 잔혹한 일이다. 천신만고 끝에 뻐꾸기의 마수에서 살아남은 오목눈이는 천명(天命)의 번식을 위하여 어디에고 또 둥지를 틀어야 한다. 이번에는 덤불 속의 둥지가 흉악한 뻐꾸기의 눈에 띄지 않도록 나뭇잎과 가지로 교묘히 위장하여라. 냄새도 맡지 못하도록 그의 후각을 교란시켜라. 그가 네 둥지에 알을 낳거든 너의 알을 싸들고 다른 곳으로 피난을 하여라. 그에게 당하는 것을 숙명으로 여기지 마라. 그의 부당함과 횡포를 친구들에게 알리고 도움을 청하여라.

빼꾸기에게 둥지를 빼앗기고 새끼를 잃은 슬픔에 실성한 것처럼 여기저기 덤불을 뒤지며 앞산 숲길에서 하염없이 울고 있을 오목눈아! 다시는 포태하지마라. 다시는 밀려나지 마라. 다시는 눈물짓지 마라.

신탄리의 무우(霧雨)

소요산역에서 지하철을 버리고 국철을 옮겨 탈 때만 해도 안개는 철로 변에서만 엷게 일렁거렸다. 그러던 것이 전곡, 연천을 지나면서는 뿌연 산허리에서 고운체로 내린 백설기 가루처럼 촘촘하고 진한 안개 발이 왁자지껄 몰려왔다.

신망리에 이르러 드디어 는개로 변한 그것은 제 세상을 만난 듯이 숲에, 들에, 나무에, 기차에도 하늘에서 내리는 만나처럼 아이보리색 크림 스튜가 되어 지상의 모든 것에게 스며들었다.

기차 안은 몇 안 되는 승객으로 쓸쓸할 만큼 호젓하다. 몇 개의 간이역을 지나는 동안 옆자리엔 그리운 사람의 그림자가 앉았다. 그는 본래 말이 없고 들고 남을 알리지 않는 그저 화사하고 안온

한 느낌뿐이다. 내가 무얼 묻고 싶을 때, 지극히 무료할 때, 슬그머니 옆에서 기척을 하는 것 외엔.

늘 혹은 때때로 비어있는 옆자리에서 누군가 존재하고 있음을 느낄 수 있다는 건 지금 내가 살아있다는 명확한 사실과 함께 얼마나 따사롭게 밀물져 오는 축복인가.

아직 비가 되지 못한 는개는 신탄리에 내리자 세상에서 가장 섬세하고 부드러운 물보라로 객창에 지친 몸을 포근하게 감싸 안는다. 제복을 입은 역무원에게 차표를 건네주고 바람 불면 덜컹거릴 것 같은 유리창이 달린 간이 역사를 나와 등나무 밑 의자에 앉았다. 연보라의 등꽃 잎은 너도나도 모두 낙화하는 중이어서 맞은편 벤치 위에도 그가 앉아 있을 옆자리에도 수북수북 떨어져 쌓였다. 고것이 눈과 안경 사이까지 비집고 들어와 나비가 눈으로 날아든 줄 알고 잠시 호들갑을 떨었다.

내가 숨 쉬고 있는 것은 참으로 살고 있는 것일까. 매일 생존경쟁의 전투가 벌어지는 도시에서 경쟁과 성취에만 모든 에너지를 쏟아 부으며 우리는 우리 자신이 우주가 제기한 하나의 물음임을 까맣게 잊어버리고 살아온 것은 아닐까. 그 물음은 언제나 내가 아닌 '타인'인 줄 알았다. 남의 불행을 보고 그나마 위안을 얻고 습관처럼 지켜온 가치를 제대로 지키지 않은 사람에게 견책하는 것으로 정의를 증명하려 들지는 않았는지.

우주가 제기한 제발 자신으로 돌아오라는 간곡한 메시지를 저버린 건 아닐지. 길은 내 속에 있는데, 모든 해답이 내 안에 있고 미움과 사랑이 내게서 비롯되는 것인데 우린 왜 타인에게 묻고만 있을까. 는개 속에서 잠시 시렁 위에 얹어 놓았던 마음을 편안히 내려놓는다.

신탄리역은 경원선 철도 중단점(中斷点)이다. 용산발 원산행 열차가 더는 나아가지 못하고 철마는 달리고 싶다고 외쳐대는데 저 너머로 아쉬움을 던져둔 채 성난 철마를 다독여서 다시 서울로 발걸음을 돌려보내야만 하는 통한의 반환점이다.

역사를 벗어난 북쪽 풀숲에 고향으로 가는 두 가닥 선로가 발갛게 녹이 슨 얼굴로 숨어 있다. 무슨 소리라도 들릴 것 같아 어릴 적 철길에서 기차놀이 할 때처럼 레일에 귀를 대 보았다. 남쪽에서 윙윙하는 산울림 같은 것이 들려왔다. 이대로 상행하여 군사분계선을 뚫고 나간다면 고향까지 몇 정거장이나 될까. 아마 열 정거장도 채 안 될 거야.

아프리카의 정글도 남극 북극의 설원도 건넌방 건너가듯 하는 세상에서 불과 두세 시간 소요되는 그곳을 갈 수 없다는 어이없음에 화도 분도 차라리 무감각해졌다.

고대산에 둘러싸인 아담한 촌락 신탄리는 철길 따라 올라가고 내려가는 사람들을 보내고 맞이하며 평화롭게 살았는데 어느 날 갑자기 두부모가 잘리듯 상행선이 잘려나갔다. 그리고 바로 옆에 보이지도 않는 벽이 세워졌다. 곧 헐릴 줄 알았던 벽은 아기가 백발노인이 되는 세월 동안에도 헐리지 않았다. 신탄리는 한과 그리움과 어리석음으로 생겨난 참나무에 박힌 옹이 같은 신세가 되었다. 그리고 분출하던 활화산이 용암으로 흐르다가 굳어버린 형해처럼 말을 잃었다.

그러나 신탄리는 지금 막 대기하고 있는 철마로 하여금 상행선을 내달아 비무장 지대를 꿰뚫고 고향 검불랑을 넘어서 한달음에 원산, 함흥을 거쳐 국경을 건너 광활한 러시아 대륙의 끝까지 질주하는 그 자랑스러운 위용을 꿈꾸는 중이다. 신탄리는 지금 비밀결사를 도모하는 중이다.

짙은 무우의 은밀함 속에서.

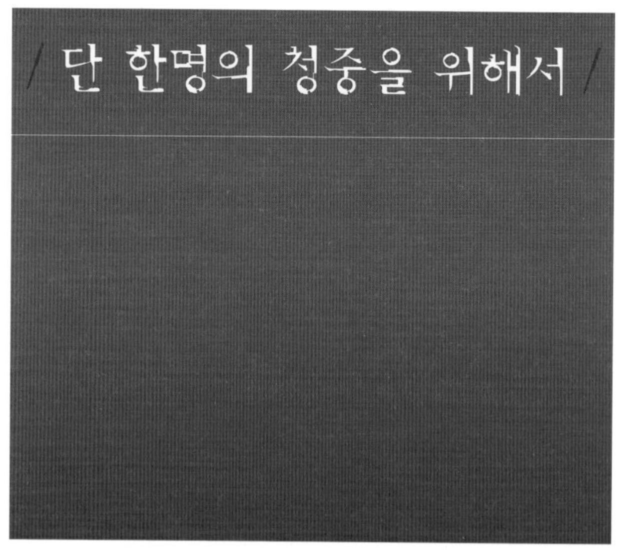

단 한명의 청중을 위해서

대개 그의 자리는 정해져 있다. 탁자를 가운데 두고 북창을 향하여 앉는다. 얘기할 때 너무 밝은 햇빛의 조명을 받지 않게 하려는 배려다. 나는 서남쪽으로 비스듬히 앉는다. 얼굴을 마주 보기보다는 조금 비켜 앉아서 그가 편안하게 얘기할 수 있도록 하기 위해서다.

그가 방문하면 으레 그는 얘기하고 나는 듣는 쪽이다. 언제부턴가 저절로 그렇게 된 것에 웃음이 나온다.

그는 좀처럼 입을 열 것 같지 않은 무뚝뚝한 표정인데 재촉하지 않아도 무슨 얘기를 할까 약간 망설이기부터 시작한다. 상대의 얘기를 경청하려면 그 눈빛이나 입모습을 너무 주목하지 않는 게 좋다.

창문 밖의 풍경을 내다봐야 할 때 창문 그 자체는 그리 중요하지 않기 때문이다. 그의 입은 마법의 창 역할을 하고 그 창을 통해 보이지 않는 얘기 속으로 들어간다.

그는 상당한 화법의 기술을 가진 '꾼'이다. 내가 명명한 얘기꾼이라서가 아니라 듣는 사람을 즐겁게 해주려는 마음이 있다. 재미있게, 즐겁게, 지루하지 않게. 누가 어떤 학문을 강의할 때도 마찬가지겠지. 독선의 화법은 듣는 이의 마음을 다치게 할 뿐이니까. 그가 전하는 창문 밖의 풍경은 아이가 그린 그림같이 맑고 천진하여 웃음기를 거둘 수 없다.

최면술을 통한 심리 요법으로 가난하고 외로운 환자들에게 다가가 무료 시술을 해주는 그는 인간의 마음을 과학으로 해명한다든가 의학으로 증명하는 플러스 발상의 효과 같은 연구에 심취해 있는 젊은 체육인이다.

가끔 기공과 지압 요법을 배우면서 그를 알게 되었는데, 창조적인 생각이나 기발한 아이디어는 정좌하고 침묵할 때보다 몸을 움직이면서 명상할 때 불쑥 튀어나온다고 걷기 운동을 적극적으로 권유한다.

오늘은 활달하고 대범했던 돌아가신 어머니의 얘기를 주섬주섬 풀어놓는다. 그가 군에 입대해서 얼마 안 되어 어머니가 면회를 갔다. 많은 음식을 장만해서 최전방 부대까지 찾아갔는데 하필 그날 부대에 무슨 비상소집이 생겨 면회를 못 하게 되었다. 초소에서 면회를 할 수 없으니 돌아가라는 말에 어머니는 그만 그 자리에 주저앉아 울기 시작했는데 시간이 지나며 차츰 넋두리와 함께 설움이 더해져서 대성통곡으로 변했다. "글쎄 두 시간이 넘도록 땅바닥에 주저앉아 울었는데…. 어휴" 결국 면회를 허락받아 아들을 보고야 돌아갔다는 얘기다.

'예까지 왔다가 내 아들 얼굴도 못 보고 어찌 돌아갈꼬. 지척에 두고도 못 보고 못 먹이고 어찌 발길이 떨어질꼬. 내 아들 오늘 못 보면 언제 또 볼 수 있을까나. 아이고 내 팔자야.' 그날 아마 아무도 못 말리는 어머니의 질펀하고 구성진 넋두리가 아니었다면 면회는 허락되지 않았을 거라고 그는 선연한 그리움의 눈빛이 된다.

결코, 능란한 기교를 부리지 않는 무덤덤한 표현일 뿐인데 얘기 한층 밑에 보일락 말락 한 페이소스와 예기치 않은 익살이 깔려있다. 나는 웃음을 거둬들일 새도 없이 그의 화술의 견인선(牽引船)에 이끌려 파도를 넘는다.

"초등학교 성적표 가정 통신란에 '취미: 남을 괴롭히는 것. 아이들 때려주는 것.' 이라 적혀 있어 아버지께 회초리로 호되게 맞았지요. 생전에 어머니는 '툭하면 일을 저지르고 잡혀있는 놈을 학교로 파출소로 이 동네 저 동네로 없는 돈을 싸들고 안 가본 데가 없는데 딱 한군데 술집에만 못 가봤네. 술값에 잡혀서 떡이 되어 있는 놈을 끌고 오는 일도 하고 싶었는데' 하시더라고요. 속을 그렇게나 썩였는데도…." 그는 가느다란 한숨을 쉬었다.

마지막까지 모든 것을 이겨내리라고 자식을 믿었던 어머니, 낙천적이고 뱃심이 두둑했던 그 어머니와 아들, 환상적인 파트너가 아닐 수 없다. 자식을 느긋한 낙천적 적극적 사랑으로 감싸 안았던 모성의 지극함이 부럽게 전해온다.

"매일 사건을 만들어내던 중학교 때였어요. 눈이 온 날 교정을 지나가던 교장 선생님께 눈 팔매를 했다가 명중하는 바람에 교정을 세 바퀴나 돌면서 봉두난발하고 쫓아오는 노 선생님을 열 받게 했던 일, 심심하면 반 아이들을 패서 이빨을 부러뜨리거나 콧등이 찢어지게 해서 결국 여학생 반으로 쫓겨났던 일이며 마치 신들린 아이처럼 못된 짓만 골라서 했었는지….

담임이 바뀌면 교무를 인수인계할 때마다 나는 해결되지 않는 미결재 서류였어요. 골치 아픈 서류와 함께 싸잡아 넘겨졌지요. 그리곤 바로 못된 전쟁의 시작이었습니다. 겉으론 의연한 척한 어머니지만 속으론 많이 울었을 거예요."

만일 지금 그에게 보내지는 인생 성적표에 가정 통신란이 있다면 '취미: 사람을 괴롭히지 않는 것. 사람 상처를 어루만져 주는 것.'쯤이 기록 되지 않을까.

어둠이 내린 창밖엔 희뜩희뜩하던 눈발이 굵어졌다. 급기야 솥뚜껑 같은 눈송이가 공수 부대 낙하산처럼 내려앉고 있었다. 오늘 밤새 쉬지 않고 쌓인다면 아마 한강을 메우고도 남겠네. 내일 아침 기상 보도에 '눈에 매몰된 서울에서 한강이 흐르던 흔적을 찾고 있습니다. 한강! 한강이 사라졌습니다. 눈에 묻혀버린 강은 어디에도 없습니다.

소돔과 고모라가 유황불에 타서 멸망했듯 하늘에서 눈이 내려와 한강을 삼켜버렸다는 역사의 기록을 오늘 남길 것입니다. 그리고 우리 모두도 만년설 속에 갇힐 위기에 있습니다. 대 기상 이변의 경보를 발령합니다.

아마도 이런 초긴급 방송으로 팽창된 전파가 방송위성을 파괴 분해할지도 모르겠네.

열 명의 의인이 없어 소돔과 고모라를 멸망시켰다면 지금 서울은 몇 명의 의인이 없어 눈사태로 쓸어버리려는 것인가.

예고 없이 가로막는 막막한 눈 벽 앞에서 별 뜬금없는 상상을 하고 있는 내가 우습네. 이나 저나 단 하나의 청중을 위해 초빙된 얘기꾼이 눈길을 무사히 돌아가야 할 텐데.

무명 시인

언제부턴가 그 시인의 사이트에 가끔 들어가곤 했다. 늘 새 글이 올라와 있었고 많은 사람이 답글을 달고 있었다. 그들은 방앗간에 모여든 참새들처럼 주인이 뿌려놓은 곡식에 날아들었다.

벼를 찧으러 온 방앗간 주인은 식욕이 왕성한 식객 새들을 위해서 방금 찧은 먹음직스러운 낟알을 한 아름씩 뿌려놓고 간다. 뿌려놓는다기보다 시장한 주인을 섬기듯 정성 들여 상을 차려놓는다. 목이 빠지게 기다리던 새 떼들은 새 음식을 차리기가 무섭게 달려들어 냉큼 시식을 한다. 여러 곳에서 날아온 많은 종류의 새들은 그가 놓고 간 음식에 대해 대체로 칭송의 답례를 표시하고 간다.

방앗간 주인은 어떤 기업의 경영주였는데 갑자기 예고도 없이 깊은 낭떠러지로 떨어져 불운을 겪는 처지인 듯했다. 독자를 전혀 의식하지 않고 쏟아놓는 독백 같은 그의 산문은 문장을 가지런히 퇴고하거나 어떤 규약에 충실하지도 않아 산길에 야생화 한 다발 그저 던져놓은 것 같다. 나뭇단 속에서 빠끔히 내다보는 진달래 꽃잎 같기도 하다. 모든 것으로부터 풀려난 듯한 그 자유분방함이 좋고, 거리낌 없는 무모함이 좋다.

그것은 한동안의 주체할 수 없는 분노와 열기로 끄적인 낙서가 아니다. 내가 시인의 글을 말할 자격은 없지만 그 글엔 칼날 같은 푸른 영혼의 포효가 있고 때론 자잘한 자운영 꽃잎을 적셔 주는 이슬 같은 사랑이 있고 한가함 속에서 엮는 낙락한 옛 얘기도 있다.

시인은 절망하면서도, 지치고 외로워하면서도 이 세상과 우주에 대한 사랑을 버리지 못한다. 세상 속에서 시인이란 죽은 존재이다. 시인은 죽었다. 죽고 나서 그 분신들이 다시 태어났다. 살아있되 높고 맑은 영혼을 육신이 따를 수 없는 운명에 운다.

우리가 처한 삶의 환경은 시인들로부터 아름다움에 대한 마지막 인내력마저 소진시키고 말았다. 농약과 구제역으로 오염된 들판에서 시인들은 풀잎의 숨소리를 더는 들을 수 없고 한 송이 꽃이 이 세상을 향하여 열리는 신비로움을 볼 수 없다. 시인이 지상에 머물렀던 자취와 그 치열했던 흔적마저도 종내는 바람에 휘말려가고 말 것이다.

그러나 시인이여! 이름은 없어도 좋다. 디디고 설 땅이 없어도 좋다. 삶이 각박하여도, 별 대신 빵을 세지 않으면 안 되어도 좋다. 시인만은 모든 것이 멸하는 세상에서도 살아남으라, 폐허의 적멸 속에서 그것을 노래하는 사람이 있어야 하므로. 하늘에 고변하고 세상을 위로할 사람이 있어야 하므로. 이 땅에 서기(瑞氣)가 비칠 때에도, 우리 무명(無明)의 미로에서 허덕일 때에도 선구해야 할 책무가 당신에겐 있지 않은가.

안개에 휘감긴 오늘 같은 밤, 시인은 탱잣빛 포장마차에서 아무도 대작해 주는 이 없는 소주 한 잔쯤 기울이고 있을 것 같다. 나 같은 지나가는 과객 아무 쓸모없겠지만 누구에게나 보이지 않는 바람 같은 응원자가 있다는 건 그래도 축복이다. 자신의 글에 공감하는 사람이 있다는 것은 이미 절반의 성공을 이룬 것이 아니겠는가.

지난봄 조팝꽃이 피기 훨씬 전에 시인의 사이트를 발견했으니까 그새 꽤 많은 날이 지나갔다. 봄 가고 여름 가고 곧 가을도 갈 터인데 무명인의 시는 끊일 줄 모르고 갈수록 형형하게 타오른다. 남의 글 거저 보고 나는 고마운 인사도 못 하고 방앗간을 나오곤 한다. 사는 동안 내내 얼굴 없는 시인의 글을 읽는 호사를 누리기 바라지만 그게 어디 쉬운 일인가. 그의 글을 대하는 순간 나는 강이 되고 산이 되기도 하는데, 먹먹한 통증으로 마음이 내려앉곤 하는데.

그는 아직 글을 묶어 햇볕 밝은 곳에 내놓을 것 같진 않지만 난 그가 그저 방앗간에서 찧은 곡식을 출입하는 식객들을 위해 상을 차려 주는 일을 언제까지나 그만두지 않았으면 한다. 매우 아름다운 일이니까.

세월이 흐른 뒤 오래된 방앗간이 문을 닫는다 해도, 나는 무명 시인이 뿌려놓았던 곡식의 그 독특한 맛을 잊을 수 없을 것이다. 그 방앗간이 오래 삭고 묵어서 글 곡식이 지층처럼 퇴적하여 훗날 창연한 고전의 푸른 호수로 남을지도 모르는 일이다.

꿈을 잊지 않으려는 시인, 허무의 고통 속에서도 자신의 몫을 찾아 외롭게 가는 당신은 단연 시인 중 시인이라고, 정녕 당신의 이름이 '이름 없는 시인'이라고 전해주려 한다.

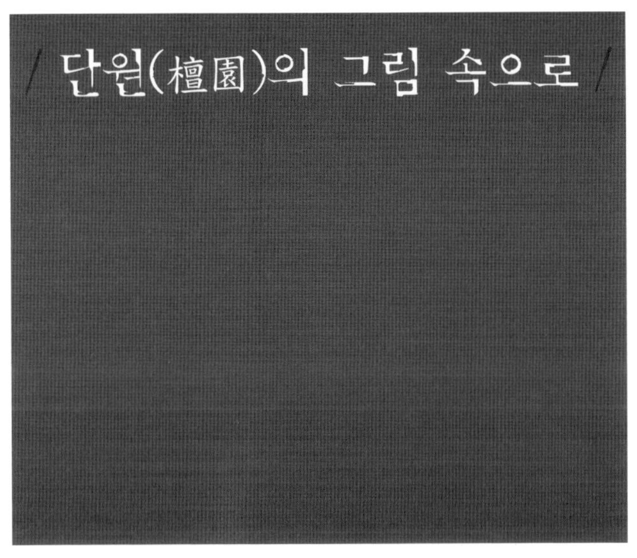

하늘과 물과 안개의 경계를 갈라 마치 위아래가 뒤바뀐 듯한 기이한 풍경을 펼쳐 보인다. 봄물에 배를 띄워 가는 대로 놓았으니 물 아래 하늘이요 하늘 위가 물이로다.

단원 김홍도(金弘道)(1745~?)의 〈주상관매도(舟上觀梅圖)〉를 넋 잃고 들여다보고 있다. 노년화사무중간(老年花似霧中看), 늙은 나이에 보이는 꽃은 안개 속으로 보는 듯하네. 안개 속에 태어나서 안개 속으로 흘러가는 매화 꽃무리를 바라보네.

문득 화폭의 매화가 안개처럼 엷어지더니 창포 꽃으로 변해서 물 위에 비친 매화 가지 위에 겹쳐진다.

배 위에서 바라보는 매화가 아닌 호숫가에서 바라보는 〈호안

관창포도(湖岸觀菖蒲圖)〉가 아닌가.

고향의 늪지는 수심이 얕아서 배를 띄울 형편은 아니었지만 둘레는 꽤 넓어서 아주 작은 호수쯤은 되었다. 바닥에 수초가 깔려 있어 물빛은 언제나 그윽한 페리도트 빛을 띠고 있었고 늪가엔 터줏대감 물총새가 살고 철마다 북극으로 가는 새와 남쪽으로 이동하는 철새들이 잠시 쉬어가는 아늑한 간이역이었다.

창포 꽃무리는 온통 늪지를 둘러싸고 바람이 일 때마다 창포의 향기를 어디랄 것 없이 실어 날랐다. 단원이 제아무리 걸출한 풍류 화가였다 할지라도 세상에 하나밖에 없는 그 숨 막히는 풍경을 아마 그려내지는 못했을 것이다.

내가 화가의 재능을 갖고 태어났더라면 60여 년 전 내가 마지막 본 그 창포의 바다를 좌뇌에 저장된 기억 장치를 총동원하여 도도한 감명으로 그려냈을 것이다. 그것은 '주상관매도'가 아닌 '호안관창포도'란 명화로 세상에 남겨질지도 모를 일이 아닌가.

나는 잠시 단원의 매화 위에 내 창포도를 겹쳐 놓고 작은 조각배를 늪지에 띄운다. 서풍이 불어와 빈 뱃전을 밀면 주인 없는 배는 빙그르르 맴을 돈다 한 바퀴. 바람이 또 한 번 뱃전을 툭 치면 또 한 바퀴. 바람과 조각배는 연인처럼 화답하며 자꾸 맴을 돈다. 비가 오면 비를 맞고 눈이 내리면 눈을 맞으며 바람의 희롱에도 몸을 맡기는 조각배는 언제나 창포 연못을 지키고 있었다.

이번에도 방바닥에 엎드려서 하염없이 단원의 그림 속으로 홀린 듯이 들어간다. 〈매염파행(賣塩婆行)〉, 어촌 아낙네가 게, 새우, 소금을 팔러 가는 장면이다. 기러기 날아오는 새벽에 광주리, 항아리를 이고 포구를 떠나 멀리 행상을 떠난다.

그림 안의 그 어디를 봐도 길가 풀 섶에 스치는 옷자락 하나에서도 따뜻한 빛과 정겨움이 문적문적 묻어난다. 필경 그들은 가난하기 이를 데 없는 슬픈 군상임엔 틀림없다. 맨 뒤에서 따라가는 여인은 소금 광주리를 머리에 이고 갓난아기를 등에 업었다. 자세히 보니 그 표정이 밝고 미소를 띠었다. 등에 아기까지도 웃는 듯한 얼굴이다.

고향 꽃뫼에 사는 두리네는 눈 쌓인 한겨울만 빼고 사철 산에서 수확한 것들을 머리에 이고 행상을 다녔다. 산나물, 더덕, 약초들을 장마당에 내다 팔았다. '매염파행'의 뒤쫓아 가는 여인처럼 어린아기를 늘 등에 업고 이 동네 저 동네를 다녔다.

두리네는 언제 보아도 웃는 얼굴이어서 사람들은 배냇적 표정이라고 날 때부터 만들어진 얼굴이라고들 했다. 아기를 업고 고된 행상을 하면서도 그 표정을 잃지 않았다. 단원의 그림 속의 아낙은 아마도 두리네를 모델로 하지 않았을까하는, 아니 두리네의 어진 먼 선조 조모님이 아니었을까 하는 엉뚱한 생각을 해본다.

창밖은 어둠이 내리고 삭풍이 불고 있는데 난데없는 봄기운이 창 안에서 서성인다. 단원의 그림 덕에 단잠에 든 고향을 흔들어 깨웠나 보다. 깊은 겨울잠에서 깨어난 그 뿌연 표정이 그리도 아름다울 수 있을까.

고향아,

깊어가는 밤 너를 그리는 마음이 세우(細雨)처럼 촉촉이 스며들어 내가 할 수만 있다면 너를 비단 위에 수묵담채로 꿈결처럼 우아하게 그려내고 싶구나.

류양항(劉洋行)

4년 전 손녀 승민은 민들레 씨방처럼 자유롭고 고독하게 날아서 중국 장춘(長春)에 있는 대학에 들어갔다. 애초에 크고 화려한 도시로 가지 않고 북방의 장춘을 선택한 것은 세계인들이 모여서 북적이는 대도시보다 중국 고유의 진수를 고스란히 간직한 것 같은 장춘에 애착이 갔기 때문이라 했다.

장춘은 설국이다. 눈을 뜨면 눈이 내리고 눈을 감아도 눈이 내린다. 긴긴 겨울 눈 속에 파묻혀 살던 사람들은 삼사월 지나고 오월도 하순이 되어서야 잠시 스쳐 지나가듯 들리는 봄을 연인을 안듯 가슴 설레며 맞이한다.

연보랏빛 계절풍이 먼 지평선에서 연기처럼 밀려오면 그것이

봄이라는 걸, 잠깐 머물다 야속하게 가버리는 바람난 봄이라는 걸, 살 맞은 족제비처럼 순식간에 사라지는 봄을 떠난 뒤에야 알아차린다. 그리곤 건조하고 이글거리는 태양이 얼굴을 내민다. 봄은 무엇이 못마땅하여 회포도 풀기 전에 바람을 타고 가버리고 마는 걸까. 오월에 왔다가 오월에 가고 마는 봄, 오죽하면 사람들은 제발 봄이 길게 곁에 있기를 염원하여 장춘(長春)이라 이름 지었을까.

길림성의 성도 장춘은 서울보다 3~4배나 크지만 인구는 800만 정도로 잎이 진 겨울 숲처럼 인구 밀도가 성글다. 청나라 마지막의 비운을 간직한 채 사라져간 황제 푸이가 머물렀던 위만황궁(滿洲國皇宮)이 아직 장춘의 눈 속에 초라하게 서 있다.

승민은 그곳에서 3년째 되는 해에 창춘이 고향인 청년 류양항을 만났다. 아득한 지평선에서 연보랏빛 계절풍이 춤추듯 불어오던 날 그를 알게 되었다. 철강 사업을 가업으로 하는 낙천적이고 순박한 부모 밑에서 자란 그는 영국 유학을 마쳤다고 했다. 다소 예민하고 민감한 성격이 엿보이는 잘 웃는 쾌활한 청년이었다. 그는 '더 좋은 도시에서 유학하면 좋을 텐데 촌스러운 여기로 왔느냐.'라고 했다.

그녀는 여긴 내가 좋아서 선택한 고장인데 예상했던 것처럼 낯설지 않고 애착이 간다고, 학문을 하는데 꼭 크고 화려한 도시라야 할 것은 없다고 했다.

그는 늘 눈을 하얗게 맞으며 기숙사 앞에 서 있었다. 문득 쿠오바디스에서 리기아를 사랑하는 충복 우르수스처럼 우직하고 지순한 순교적 열정을 느꼈다. 언젠가 그에게 숙제를 봐달라고 부탁한 적이 있는데, 고대한어(古代漢語)에 관련된 논문이었다. 그런데 작업한 것이 자기 마음에 들지 않아 속상하고 미안해서 눈물 글썽이는 것을 보고 쿡하고 웃음이 터졌다. 아이같이 순진무구한 구석이 있는가 하면 덜렁대다가 물건을 잘 잃어버리는 저를 뒤에서 챙겨주곤 한다고.

그러나 누구보다 낙천적인 그녀지만 그 사랑을 쉽게 받아들일 수 없었다. 고군분투해서 멀고 낯선 곳에 장학생으로 들어간 이상 그 향학에 대한 이성이 쉽게 그를 허락하지 못 하고 있었다. 나는 왜 하필 이곳에 왔을까. 왜 그 사람을 만났을까. 이런 것을 운명이라고 하는 걸까. 그녀는 고뇌했다.

사랑의 조건이 분명한 지금의 젊은이들은 어떤 사랑을 원할까. 완벽한 사랑은 있는 걸까.

지난날 우리가 쟁취했던 사랑은 얼마나 어리숙하고 무모하고 돌진적이고 고집불통의 무조건적인 것이었을까. 어이없는 웃음이 나온다.

그렇지만 아무 망설임 없이, 추호의 의심도 없이, 내일의 불안감 같은 것도 없이 끝내 그 묵정밭 같은 사랑을 지켜낸 일은 얼마나 위대한 일인가. 지금까지 살아온 내게, 내가 상을 준다면 그 묵정밭 사랑을 지켜낸 일에 주는 지상(至上)의 상일 것이다.

그를 멀리 떠나와서야 그의 존재가 무겁게 느껴진다는 승민은 자신에게 계절풍처럼 불어 닥친 이국의 사랑을 어떻게 지켜낼 수 있을까. 장춘은 이미 아련한 고향으로 느껴지기도 한다는데 아마도 훗날 제 생애에서 가장 그리운 곳으로 남을지도 모를 일이다.

고통 속에 흘려보낸 시간도, 가슴 설레며 맞은 기쁨의 순간들도 지나고 나면 모두 아름다운 석화(石花)로 남아 깊디깊은 곳에 살고 있더라. 사랑하는 사람과 함께 겪은 일은 비록 그땐 고통이었다 해도 아름답지 않은 일이 없더라.

젤리처럼 촉촉한 바람이 만져질 것도 같고, 알 수 없는 서기(瑞氣)가 아득한 지평선에서 서성이면 봄에 목마른 이 고장 사람들과 눈이 지겹다고 투덜대며 그래도 이 거리에서 오래도록 살고 싶다고.

극히 태평하고 남자처럼 소탈한 그녀, 스물네 살의 처녀가 설국의 하늘을 향해 가만히 말하고 있었다.

나의 영원한 사랑 류양항 "워용위엔아이니(我永遠愛你)!"

그리고 북방의 설국 장춘 "워용위엔아이니!"

어쩌다 북녘땅 가까운 곳으로 이사를 왔다. 모두 "왜 고향 가까이에 가려고?" 물었지만 실은 그렇지도 않다. 분단의 삼엄한 현실 앞에서 멀고 가까운 거리가 무슨 상관인가. 그저 내 영혼이 따뜻했던 어린 지난날의 그곳이 그리워 은연중 작용을 했을 것이다. 서울에 비하면 확실히 겨울엔 춥고 눈이 많이 내리며 봄엔 꽃이 더디 피고 여름은 시원한 마파람이 자주 불어오는 편이다. 울지 않는 시간보다 우는 시간이 더 많은 새소리는 이른 봄부터 가까이서 멀리서 온종일 우짖는 게 도시와 다르다고나 할까.

여기보다 더 북쪽인 군사 분계선 밑, 수레여울에 사는 젊은 부부를 이곳에 와서 알게 되었는데 이른 봄 매화가 벙글 때부터 꽃

보러 오라는 채근을 해 왔다. 나는 차마 혼자 보아야하는 쓸쓸함이 싫어서, 필대로 피어서 지쳐 쓰러질 쇠잔한 모습이 지레 미워서 꽃 보기를 차일피일 미루다 꽃철을 다 놓치고서 매실이 조롱조롱 달린 즈음에야 그 집을 찾아갔다.

넓지 않은 정원엔 열매 달린 나무란 나무는 모두 모인 듯하다. 마당을 끼고 흐르는 도랑물 위로 오디가 떨어져 동동 떠내려가고 며칠간 오락가락 내린 비로 물이 불어난 웅덩이는 빨래를 썩썩 빨아서 바위 위에 널고 싶을 만큼 넉넉히 흐른다. 대문과 울타리가 없어 더욱 편안한 마당은 나무와 풀들이 제멋대로 자라 정원이라기 보다 야산의 한 자락을 뚝 떼어다 옮겨놓은 듯하다.

울타리 가에선 아내가 방아를 찧고
나무 둥치에 앉아 아이가 책을 읽는 곳
혹여 길을 잘못 들었나 걱정하지 마오
여기가 바로 내 오두막이라오

- 장흔(張昕)의 〈오두막집〉 전문 -

나는 이 은밀한 정원에 드맑은 시인의 오두막을 그려 넣는다. 저기 도랑가의 절구에서 맨발의 아내가 보리방아를 찧고 그 곁에 병아리를 거느린 한가로운 어미 닭이 떨어진 낟알을 쪼며, 까까머리 아이놈이 도토리나무 둥치에 비스듬히 누어 책을 읽는다면 거의 완벽한 한 폭의 회화가 되지 않을까.

들판 건너 산허리에서 뿌연 안개비가 몰려오는데 나는 잎이 너울거리는 개암나무 등걸에 기대앉아 먼 산을 바라본다. 문득 곁에 인기척을 느낀 것 같아 돌아보면 아무도 없어, 다시 먼산바라기를 하다 옆을 돌아보고 또 산을 바라보고 이번엔 눈을 비비고 옆자리를 오래 지켜보지만 텅 빈 자리엔 어지럽게 자란 풀들을 스치는 바람 소리뿐이다. 바람이었나, 그도 나처럼 먼산바라기를 하고 있었을까. 내가 허무를 느끼는 이 시간, 그도 바람으로밖에 그 무엇으로도 남을 수 없는 절절한 허무감을 풀잎에 토해 내고 있었을까.

비를 머금은 무거운 공기가 호두나무 잎새에 내려앉고 산 너머에서 쑥국이 울음소리가 자지러지는데 어차피 오늘은 빛나는 노을도 오실 것 같지 않아 무릎을 털고 일어선다.

내외가 정성으로 장만한 이른 저녁을 함께하고 전송을 받으며 울타리 없는 마당을 나섰다. 조금 전에 옆에서 들려오던 가슴 두근거리는 환청을, 나무와 풀잎만이 아는 은밀한 유희를 푸르름 속에 묻어놓고 연록의 정원이 내게 준 아무도 모르는 사연의 편지를 접어 간직한 채 수레여울 간이역에서 돌아가는 기차를 탄다.

환(幻)

어린 나이에 어머니를 여읜 나는 가끔 어머니의 환영과 마주쳤다. 처음엔 조금 두려운 느낌이었지만 거듭되는 동안 아무렇지 않게 되었다.

비 오는 날, 는개 낀 꽃뫼 자락에서도 만나고 삼나무가 빼곡히 들어선 삼림 시험장에서도 보고 메밀밭 너머 텃새들이 깨 볶듯 시끄러운 잡목 숲에서도 모습을 드러내시곤 했다. 집안에선 우물가나 장독대 옆 꽃밭에서 얼핏얼핏 지나가곤 했는데 당신을 확인시켜 주는 듯 환하고 편안한 모습이었다.

열셋이란 나이, 여린 대나무의 첫 번째 매듭처럼 엉성하고 철없고 나약하기 이를 데 없는 나의 눈앞에 펼쳐진 모든 형상은 눈부시고 경이로웠다. 그렇게 신비의 세상으로 발돋움 하려는 나를 두고 어머니는 떠나갔다.

나는 아무것도 할 수 없었다. 어머니가 없는 세상에선 아무것도 필요한 게 없었다. 도시의 중학교에 입학한 바로 뒤의 일이라 아예 학교를 작파하고 집에 내려와 죽치고 있었다. 낮에는 주로 함석지붕을 얹은 우물가에 멍하니 앉아 있었는데 또래의 머슴애가 일삼아 나를 지키고 있었다. 자기 직무에 충실한 그 아이는 내가 우물을 들여다볼 때마다 움찔움찔 놀라곤 했다. 깊은 우물 속에서도 어머니는 보였다.

절망의 늪에서 영원히 헤어날 수 없을 것 같던 어린 번뇌의 시간도 흘러갔다. 질식하고 말 것 같았던 아득한 긴 시간이 가고 난 지금, 그때 우물가에서처럼 정지된 시간이라도 가질 수 있다면…. 그러나 그건 너무 괴롭고 애처로운 시간이었다. 그러나 매우 아름다워서 그냥 그렇게 곱게 묻어두고 싶은 시간이기도 했다.

나에게 창작이란 행위는 그 자체가 환이다. 애초 환에서부터 시작되었을 것이다. 뚜렷한 것은 아무것도 없다. 내 손에 잡을 수 있고 만질 수 있다고 해서 그것이 실체라고 단정 지을 수도 없다. 생명의 유무를 가려 실체와 실체가 아닌 것으로 구분 지을 수도 없다. 순간에 사라지는 그림자라고 해서 헛것이라고 말할 수는 더욱 없다. 우리가 실체라고 믿고 의지하고 있는 것은 또 얼마나 허무한 것이던가. 얼마나 무력하고 미미한 존재던가. 한시적인 생명이던가.

나는 아득함의 끝에 서거나 아무것도 손에 잡히지 않을 때 환영을 바라보는 것을 은밀히 즐긴다. 즐긴다기 보다는 간절히 원한다. 그것은 예고 없이 조금도 놀랍거나 두렵지 않게 나타난다. 마치 영화의 화면이 바뀔 때처럼 지극히 자연스럽게 조용히 이입(移入)되어 온다.

형상은 어떤 것이라도 좋다. 그것이 나에게 보내오는 힘찬 메시지는 권태로움에서 나를 일으켜 세운다. 발은 각박한 현실에 붙이고 있으면서 눈은 그리운 피안의 영토를 꿈꾸듯 바라본다는 게 얼마나 가슴 뛰는 일인지, 몸은 고난 속에 묶였는데 정신은 바람처럼 우주를 넘나들 수 있다는 것 얼마나 큰 축복인가. 그 신비경에서 지상(至上)의 카타르시스를 맛보게 하고야 말지 않던가.

묵은 묵정밭을 갈아엎어 가래질을 하고 씨를 뿌린다 한들 남은 기간 안에 청청한 싹이 돋아 자라날 수 있을지. 빈손으로 흘러가는 강물 같은 시간에 무슨 얘기든 실어 보내야 할 터인데 좀처럼 터지지 않는 영감을 애타할 뿐이다.

부질없는 잠 같은 거 무의식에 빠지는 따위 없이 온종일 밤낮 깨어서 좋아하는 일을 하고 아예 날마다 축제 속에 흥청거려 볼까.

아직 반쯤만 깨어난 수면 상태에서 듣는 새들의 우짖음은 그지없이 다정다감하다. 내가 살고 있음에 대한 그들의 축가이다. 선명하지 않은 형상의 실루엣은 긴 원삼 자락의 춤사위처럼 얼마나 고혹적인가.

더 몽환적일 수 없을 만큼 몽롱한 환상에 빠져 끝없이 흐느적이며 삶이 유한하지 않은 것처럼, 끝이 없이 이어질 것처럼 느긋한 몽상에 빠져버린다. 나는 서두르지 않고 긴장하지도 않으며 탐욕도 없이, 아무런 원의도 없이, 베일과 같은 신비경에 갇혀 중병에 걸린 듯 즐거이 몽환병을 앓는다.

어두운 장막이 드리운 창밖, 가물가물 잠 길로 들어가는 나들목에서 나는 보았다. 후드득 넓은 후박나무 잎새에서 떨어지는 빗방울 소리 저편의 어둠 속을, 코발트의 반딧불이 짝지어 날아간 어귀쯤에, 분명 사람의 형상을 보았다. 누구더냐고 묻는다면 모르는 이라고 할 수밖에 없는 그 사람은 이쪽을 바라보고 있었다. 빛나는 얼굴이었다. 세상에 없는 현요(眩耀)한 모습이었다. 실체가 없는 환(幻)에 불과한 존재라 할지라도 그것은 허망하다고 할 수 없을 만큼 강력한 빛을 발하고 있었다.

환! 그것은 어디든 내가 살아가는 터전에서 지친 나에게 현현(顯現)되는 은밀한 사랑의 표적이 아니고 무엇일까. 환을 만나는 순간, 거기서부터 내 긴 이야기는 시작되어야 할 것이므로.

하늘 끝에 걸린 초가삼간

3

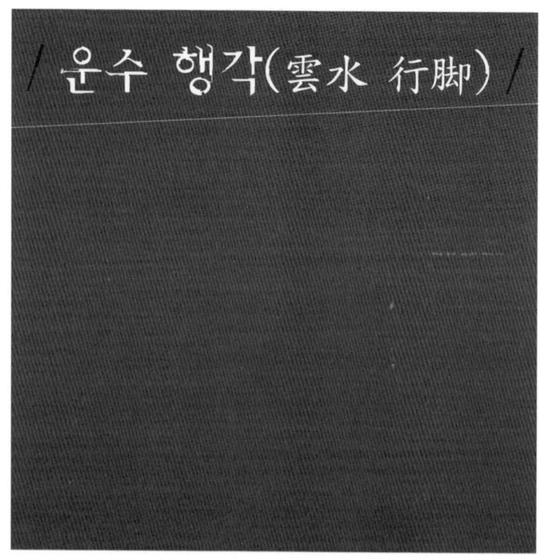

오늘 못 떠났으니까 내일은 떠나야지, 그런데 내일이 되면 이유 같지 않은 이유를 만들어 슬그머니 주저앉는다. 두통이 인다든가, 비가 올 것 같다든가, 아니면 날씨가 기가 막히게 좋아 맘 어느 구석에서 시기하듯 반기를 들고 나선다.

꽃이 아주 아름답게 피어서, 살갗에 닿는 바람이 너무 포근해서, 햇살이 너무 찬란해서, 들녘에 내려앉는 산 그리메가 너무 슬플 것 같아서. 이유는 또 있다. 현란한 정취에 혼미하여 길에서 기억을 잃는다거나, 방향 감각을 잃어 산속으로 깊이깊이 들어간다거나, 등의 부질없는 상상이 혼자 결행하는 나의 여행을 방해하고 있는 것이다. '겁도 많은 쩨쩨한 인생 같으니' 나는 픗하고 웃음을 터뜨린다.

실은 방향 감각을 잃은 일이 있긴 있었다. 원주에서 친구를 만나기로 약속을 하고 청량리역에서 강릉행 기차를 탔었다. 내가 시간을 어긴 탓에 원주에서 그녀를 만나지 못했다. 그 정도 늦었다고 말도 없이 그대로 돌아간 그녀를 야속해하면서 하는 수 없이 서울로 되돌아가려고 기차를 탔다. 노곤한 양광에 한참을 졸다 차창을 보니 숲이 우거진 산중으로 들어가고 있었다. 숲 속으로 이어지는 요정들의 나라로 자꾸자꾸 들어가고 있었다. '서울 근교도 이렇게 숲이 깊으니 좋구나.' 얼마를 더 흔들리다 좀 의아해서 "이거 서울 가는 차 아니에요?" 옆자리의 중학생에게 물었다. "강릉 가는 찬데요." 학생이 빙긋 웃었다.

원주에서 그녀를 야속해하느라 얼결에 그만 반대편 차를 탔던 것이다. 다음 정차하는 역에서 서둘러 내렸다. 태백역이었다. 산자락을 향해서 나는 녹음 밑으로 파고 들어갔다. 인가도 없는 산중으로 깊이 들어가 있었다. 여기가 어디냐고 물어볼 사람도 없었다. 어딘지 알 필요도 없었다. 나뭇잎을 빛내주는 햇빛이 있고 그것을 흔들어주는 바람이 있고 발밑을 흘러가는 냇물이 있고 뿔이 희미해진 염소 구름이 산등성이 위로 흘러가는 중이고 열애 중인 소쩍새가 짝을 찾아 우짖는 속으로 나도 희미해진 감각을 따라 흘러가고 있었다. 방향 감각만이 아니었다. 온갖 감각 기능이 나른한 혼미에 빠져드는 것 같았다. 그러면서 그것은 서서히 쾌감으로 이어지고 있었다.

카뮈의 뫼르소가 지금 여기 있다면 작열하는 햇빛 때문만이 아니라 감각을 마비시킬 만큼의 풍광의 극치에 함부로 총질을 해댈 지도 모를 일이었다.

십여 년 전에 오랜 친구를 찾아 단독 미국행을 나섰다. 나로선 엄청난 결심이었다. 여행사에서 권유하는 대로 일본을 경유, 다음 날 LA에 도착하는 노선을 택했다. 하네다 공항에서 복잡한 기착 절차를 밟고, 투숙할 호텔을 찾는 데만 진이 다 빠졌다.

철저한 고독 속에서 내 영혼과 육체를 보듬고 홀로 떠도는 운수 행각의 의미를 그날 밤 호텔의 적멸 속에서 맛보았다. 둥지에서 벗어나 바깥세상으로 향하려는 자신의 행보를 나는 이쯤 서서 바라보며 응원의 박수를 보냈다. 아름다운 이탈이었다. 오랜 칩잠에서의 용감한 결행이었다. 알 수 없는 그 어떤 일이, 운명 같은 것들이 내게로 밀려오는 것 같아 전율을 느꼈다. 그게 무언지 알 수 없었다. 어떤 손에 이끌리는 느낌이었다. 그저 무엇에게 모두 내맡긴 채 나는 무저항으로 흐르고 있는 것이었다. 홀로 있으면서 누구라고 지칭할 수 없는 이와 함께인 것도 그때 처음으로 체득한 일이었다.

우리는 매일같이 운수 행각을 떠나고 있다. 울적하면 울적해서, 즐거우면 즐거워서, 고달프면 고달파서, 나를 잃은 것 같으면 나를 찾으러 떠나고 허무하면 허무 속에 더 빠지러 떠난다.

살아 있는 한, 사랑이 있는 한, 어디론가 길을 떠나는 일은 얼마나 아름다운 행위인가. 사랑하는 사람을 후광처럼 입고 떠나므로 홀로가 아니다. 비록 낯선 여창(旅窓)에서 손을 잡고 같이 웃을 수는 없다 해도 영혼의 합일이 있으므로 초라한 고독이 아니다.

그렇지만 누구나 진정한 운수 행각은 끝 날에야 행하는 것이리라. 그 날에 나와 동행하는 바람과 햇빛과 꽃과 구름과 비와 산 그리매는 가히 아름답고 찬란할 것이다.

세상을 마무리하는 완성의 운수 행각이므로.

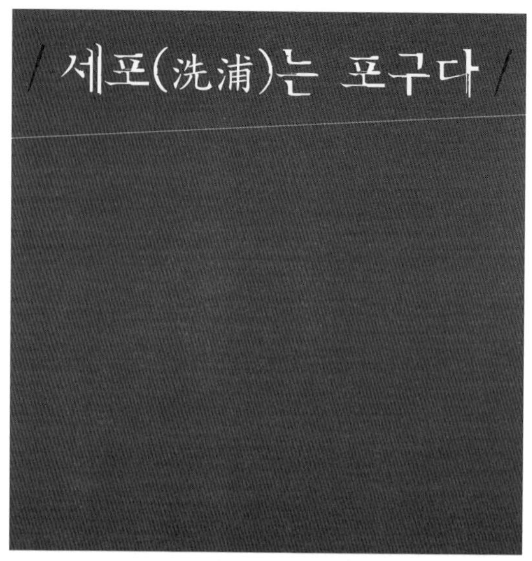

세포(洗浦)는 포구다

우린 오후 네 시 발 경원선 열차를 타기 위해 학교에서 역까지 십리 길을 언제나 뜀박질을 했다. 허리에 동여맨 책 보따리에선 빈 알루미늄 통 안의 젓가락이 요란하게 땡그랑거렸다. 시그널 너머에서 기적 소리를 들으며 논둑길을 질러서 바람을 안고 세포 역을 향해 달렸다. 그러나 태반은 기차를 놓쳐 버리기 일쑤였다.

세포는 바다에 면한 포구도 아닌데 산간벽지의 작은 면소재지에 불과한 고장을 '바닷물에 씻겨가는 포구'라고 누가 그렇게 근사한 이름을 붙였을까. 산골 오지에 태어나서 평생을 벗어나 보지 못하고 살다 간 어느 누군가의 말로만 듣던 바다를 동경한 나머지의 명명이었을까. 아니면 어느 시인이 안개 낀 산자락과 무연한 들판을 바라보다 문득 세포라고 이름 지었을까. 무엇에게 이름이 붙여진다는 것은 얼마나 신비롭고 운명적인 일인가. 한번 붙여진 이름은 세월이 가도 오래도록 불리지 않는가.

포구가 아니라 해도 세포는 포구를 딱 닮은 고장이었다. 사철 불어오는 바람이 그렇고 안개를 두르고 섬처럼 떠 있는 듯한 아득한 산봉우리가 그렇고 갈대숲을 헤집는 개개비가 먹이를 노획하는 갈매기 같고 레일 위를 달리는 기차는 포구를 들락거리는 객선 같았다. 세포 역은 안개 낀 선착장이었다.

물까치와 개개비는 갈대밭에 둥지를 틀고 종일을 울고 다녔다. 나중엔 목이 쉬어 깨진 툭사리 같은 소리를 내질렀다. 기차를 놓치지 않으려고 논둑을 달리던 사내아이들은 삐우삐우하는 물까치의 유혹에 새알을 훔치려고 갈대숲으로 들어가기도 했다.

서울행 객차 안은 호화로운 궁전 같았다. 소학교 3~4학년의 꾀죄죄하기 이를 데 없는 우리는 코를 훌쩍거리며 차 칸 통로에 선 채 원산에서 서울로 가는 상류층 승객들을 바라보고 있었다. 삼방(三防) 계곡에서 스키를 즐기고 돌아가는 서울 사람들이었다. 차 칸 끝의 세면실엔 기다란 스키 장비가 가득 세워져 있었다. 그것은 세포 사람들과는 아무런 상관이 없는 낯선 풍경들이었다.

우린 방과 후 학교에서 노닥거리다 예사로 네 시 열차를 놓치곤 했다. 그러나 다섯 시쯤 원산에서 들어오는 화물 열차가 있어 그게 우리가 집으로 돌아갈 수 있는 유일한 차선책이었다. 검불랑까지는 40리나 되는 길이라 산길을 걸어서 돌아가는 일은 엄두도 낼 수 없었다. 번쩍이는 견장과 모자를 쓴 여객 전무처럼 화려

하진 않지만 수수한 복장의 화물 열차 차장은 늘 유쾌한 얼굴빛이었다.

"아저씨 검불랑까지만 태워주세요." 우리가 통사정 하면 "안 돼! 너희들이 화물이야?" 하고 눈을 부라리다가도 결국 턱을 치켜 올리며 타라는 시늉을 했다. 우린 함성을 지르며 어두컴컴한 짐차 칸에 새로운 화물로 실어졌다. 원산항에서 적재한 명태와 간고등어의 짐짝에서 비릿한 냄새가 풍겼지만 아이들은 따개칼을 꺼내 들고 명태 눈깔을 파내어 아작아작 씹어댔다.

세포는 틀림없이 어느 유정(有情)한 시인에 의한 명명이었으리라. 그 시인은 갈대 수풀 언저리에 초가삼간을 짓고 살면서 안개 위로 희미하게 떠 있는 먼 산마루를 하염없이 바라보며 아름다운 섬이라고 탄성을 질렀으리. 아니 그는 시인이 아니라 화가였을 거야. 안개가 걷혔을 때의 세포는 썰물에 씻긴 포구처럼 정결하고 아름다웠으니까. 아직 바다를 본 일이 없는데 산봉우리를 어찌 안개에 싸인 섬으로 볼 수 있었을까. 그는 심안으로 볼 수 있는 매임 없는 영혼을 지닌 사람이었나 보다.

학교 가는 길에 자주 안개가 끼었었다. 세포에 끼는 안개는 농무(濃霧)라 기차에서 내려 다리를 건널 때 겨우 난간을 식별할 정도였다. 앞서 가는 사람이 구름 속으로 빨려들어 가는 것 같아 그 꽁무니를 놓치지 않으려고 부지런히 걸었다. 펑펑 눈이 퍼붓는 날만큼이나 기분이 좋아서 아이들은 서로를 부르며 히드득거렸다. 난 오래도록 진한 안개가 걷히지 않기를, 세포가 영영 안개 속에 묻혀버리기를 바랐다. 구름 속에서 울려 오는듯한 기적 소리가 아득하게 들리고 뿌연 안개를 뚫고 기관차의 검은 얼굴이 굉음과 함께 서서히 드러나는 광경이 두렵고도 가슴 설레었다.

세포의 안개가 어느 고장보다 유난히 깊다면 세포의 노을은 또 어느 골짜기보다 붉게 타오르는 혼불 같았다. 봄이 되면 노을부터 완연히 달랐다. 갈대의 머릿결이 황금빛으로 빛나기 시작하면 물새들이 수풀에서 용수철처럼 일시에 튀어 올라 제 집에 불났다고 어서 불 끄러 오라고 솟고 뛰고 울며 난장을 벌였다.

다리 밑으로 강물 위로 참으로 낭자하게 밀물져오는 노을빛에 혼절하여 널브러진 세포는 그 강렬한 혼불에 싸여 몽환처럼 휘휘 멱 감고 있었다.

나는 길을 걷다가 갑자기 왜 세포가 떠올랐을까. 한참을 걸어가다 포도 위에서 '내 고향 사람 어디 없소?' 허공에 대고 소리를 내어본다. 그런데 곰곰 생각해보니 지금까지 살면서 고향 사람이나 세포 소학교를 다녔다는 사람을 만난 적이 없다. 왜 단 한 사람도 만나지를 못했을까. 아무 데도 고향 사람이 없는 걸 보니 아마도 세포는 이 세상에 있던 곳이 아니었어. 꿈에만 나타나는 무릉도원이었어. 본래 세포는 없었어.

잣씨

강촌에 사는 다정한 친구가 소일거리 하라고 반말은 실히 될 듯한 잣을 갖다놓고 갔다. 잣송이에서 방금 털어낸 듯 송진내가 향기로운 잣알이 볼에 가득하다. 양으로 보아 아마 쉰 송이도 넘을 잣송이에서 떨어져 나온 낱알이 진 자리를 겨우 면하고 서로 몸을 비비며 옹송그리고 있다. 어휴! 이 작은 알갱이들을 어느 천년에 아작을 낼 것인가. 이 작은 손들을 어느 세월에 손을 보아 잣죽을 끓이고 약밥도 지을 것인가.

친구는 펜치의 손잡이에 종이를 말아 테이프를 붙여 잣을 까기 좋게 조절을 해주고 웃으며 돌아갔다. 헌데 조금만 악력을 가하면 속살까지 박살이 나고 아니면 튀어 나가고 도무지 요령부득이다.

이걸 어쩐다? 적어도 하루에 한 종지 씩은 까야 한 달 안에 겨우 끝이 날까 말깐데.

어릴 때 나는 강원도 오지의 잣나무 숲에서 자랐다. 남도에서 올라와 농사일을 도우며 우리와 인연 맺은 아저씨가 있었다. 그는 숲에 나무하러 갔다 올 때마다 옹골지게 여문 잣송이를 나뭇단 위에 수북이 얹어오곤 했다. 쇠죽 솥에 지핀 삭정이 불이 한풀 꺾여 뭉긋해지면 아궁이에 잣송이를 묻어두었다가 구수한 내가 나면 꺼내어 짚을 덮고 올라서서 비비면 반쯤 구워진 잣알이 와르르 쏟아져 나왔다.

한 30센티 되는 엄지 굵기 정도의 참나무 한가운데를 V 자로 도려낸 다음 거기에 잣을 끼우고 양쪽 나무 끝을 두 손으로 잡아 가운데로 모으면 '딱' 하고 잣이 깨졌다. 바쁜 일을 제치고 아저씨는 일삼아 잣을 까서 여물 바가지에 놓아주면 나는 두리산 청설모 도토리 채가듯 날름날름 채갔다.

그때의 참나무처럼 탄력 있는 나뭇가지가 어디 없을까 하고 느티나무 둘레를 여기저기 찾아보지만 그럴만한 것이 없다. 아침에 일어나면 잣 그릇에 먼저 눈이 간다. 어제의 양은 조금도 줄어들지 않았다. 밤사이 누가 훔쳐가기라도 했으면 좋을 것인데. 오늘 밤 자고 나면 호두 까기 인형 대신 잣 까기 인형이 나타나 밤새 내 잣을 몽땅 까서 대령하면 좋으련만.

성큼성큼 나눠주고 싶어도 받아줄 사람이 없다. 죽을 시간도 없는데 그거 깔 시간이 어디 있느냐며 마다할 것이 뻔해서 입도 열지 않았다. 여치나 방아깨비처럼 다리와 날개가 있는 생명체라면 밖에 내놓아서 도망이라도 치게 하겠는데 그도 아니니 속수무책이다.

방금 물 먹으러 나왔다 식탁에 있는 잣 그릇을 끌어당겨 한숨 쉬며 몇 알 까본다. 호두 같으면 몸집이 커서 한 말이라도 후딱 깔 것 같은데.

잣은 나에게 통사정하고 있었다.

"우린 엄마에게서 떨어져 나왔지만 완전한 탄생은 아닙니다. 누군가 우리 견고한 껍질을 깨 주어야 온전히 세상 밖으로 나올 수 있어요. 그리고 당신 몸 안으로 들어가야만 우리 사명을 다 하는 거랍니다. 부디 도와주세요. 누구라도 우리 껍질을 깨주지 않는다면 우린 그 속에서 쇠진하여 말라버리고 영영 부서지고 말 것입니다. 저희를 버리지 마세요. 갈 곳도 없습니다. 이런 줄도 모르고 우린 희망에 들떠서 엄마 품을 떠나왔지요. 지루하고 힘들더라도 우리를 깨뜨려주세요 주인님."

잣들은 모두 포개져 엎드려서 흐느끼며 읍소하고 있었다. 그래 이것들을 내가 거두지 않으면 누가 기웃이나 할까. 아무도 건져줄 이 없는 이 작은 잣알, 이것들은 이미 내게로 올 운명을 타고, 제자리로 오고야 만 내 손님들이다. 나는 남은 인내력을 짜내며 잔챙이들을 까기 시작했다. 그런데 같은 일을 반복하는 동안 얼마의 시간이 지날 때쯤 해서 좀 전에 골몰하던 어떤 일의 엉켰던 실마리가 떠오르고 있었다. 그리고 스르르 풀리며 편안해졌다. 그것은 같은 일을 반복하는 데서 오는 무의식적 명상이라고나 할까, 펜치에 잣을 끼우고 악력을 가해 딱 소리가 나면 옆의 그릇에 털어내고 또 잣을 끼우고 딱 소리가 나고 또 끼우고….

몸을 움직이지 않고 가만히 앉아서 젖어드는 사유보다 일정한 일을 하며 목적을 위해 몸을 움직이는 편이 오히려 명상에 들 수 있는 수월한 길이 아닐까, 그건 역시 신성한 노동의 효과 때문일 거라는 느낌이 드는 것이다. 잣을 까는 일은 신성한 일이라고 스스로에게 이르며 나는 서서히 잣 까는 로봇이 되어가고 있었다.

그렇지만 아무리 로봇이라 해도 소백산 같은 이 큰 잣 산을 어떻게 정복하나? 아, 차라리 사람에게 환영받지 못하는 이 잣을 남쪽 다도해를 굽어보는 우리 야산에 뿌려볼까 보다. 언덕에서 굽어보는 바다의 절경 못지않게 바다에서 바라보는 해안의 풍광도 유려하도록 푸른 잣나무 숲을 이뤄볼까. 보랏빛 안개에 싸인 해원에서 바다 울음이 아득히 들려오는 다포리의 바다와 울울한 잣 숲은 서로 만질 수 없는 애절한 연인처럼 그저 천 년을 두고 사모하도록. 날마다 바닷물 대신 해풍이 와서 애무하는 늘 푸른 잣나무 숲을 이룰 수 있도록.

이만하면 버리지 말아 달라고 읍소하던 잣들에게 조금은 위로가 될까. 아니 주인님의 탁월한 아이디어라며 오히려 손뼉을 치며 감격할지도 모르겠다.

돌아오는 봄, 할 일도 없는데 따뜻한 날을 잡아 남하하는 바람 따라서 남해의 산허리에 잣 씨를 묻으러 갈까 보다. 나에게 오지 않을지도 모르는 눈부신 봄날에 어리석은 약속을 걸어본다.

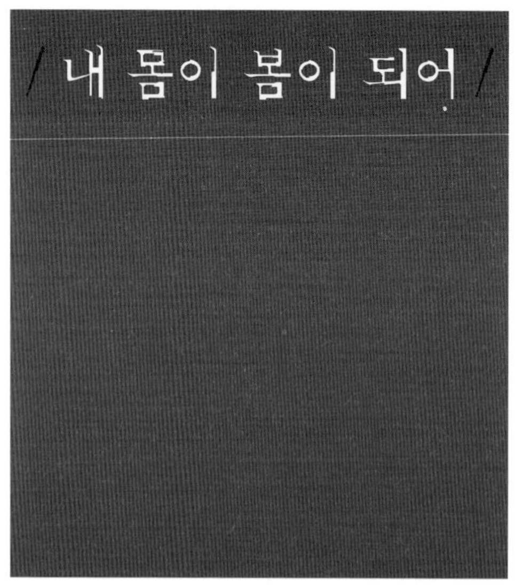

갑자기 오늘은 억세게 운이 좋은 날이라는 확신이 들었다. 사실 난 조금 전만 해도 지지리 재수 옴 붙은 날이라고 한숨을 쉬었었다.

약속 시간 15분이나 늦었지만 종로3가에서 지하철을 내리자 금시 미소 띤 친구 얼굴이 앞을 막을 것 같아 두리번거렸다. 인파에 밀려서 플랫폼 좌우를 누비며 찾아도 그녀의 얼굴은 좀처럼 보이지 않는다. 어디선가 쿡하며 튀어나올 것만 같아 낙낙한 마음으로 승강장을 왕복하면서도 문득 전화를 휴대하지 못한 것에 대한 불안이 일기 시작했다. 전화번호 수첩까지 놓고 나왔으니. 시간은 자꾸 흐르고 차츰 초조해진다. 준비성이라곤 털끝만큼도 없는 나를 절감하며 죽기 전에는 고칠 수 없는 배냇병이라고 자탄을 한다.

가방을 거꾸로 쏟아 내어 친구의 연락처를 알 만한 사람의 명함을 겨우 찾아냈다. 이젠 공중전화 부스를 찾는 일인데 어디에도 보이지 않는다. 휴대폰에 밀려 사라져버렸나, 그것을 갖지 않은 사람이 거의 없으니 공중전화는 시대의 무용지물이 될 만도 하다.

막막함 속에서 그렁저렁 한 시간 정도가 지났는데 그냥 돌아가자니 뒷덜미가 켕기고, 난감해할 친구 모습이 떠올라 발길이 떨어지지 않는다. 누구에게 휴대전화를 좀 빌려달라고 부탁해 볼까. 한참을 두리번거리며 사람들께 다가갔다가 입이 떨어지지 않아 결국 단념을 했다.

반대편 홈으로 건너와서 집으로 가는 소요산행 열차를 기다렸다. 그래도 행여나 스크린 도어가 두 겹이나 가려진 건너편을 바라봤다. 이대로 돌아가도 괴로울 것 같아서 다시 계단을 올라 내렸던 자리로 되돌아갔다. 용기백배해서 벤치에 앉아있는 청년에게 다가가 부탁을 했더니 기꺼이 번호까지 눌러 주는 게 아닌가. 정말 꽃을 든 남자처럼 예쁘다. 푸른 기가 돌도록 투명한 피부며 상냥한 표정과 겸손한 말투까지 완벽하다. 미소년 나르키소스가 빠졌던 연못에서 지금 환생한 것이 아닐까. 천년의 바람을 타고 그가 여기 이른 것일까. 5분 후 친구의 연락처를 알려줄 테니 다시 전화해 달라는 저쪽 통화 내용을 그가 듣고 말없이 기다린 후 "5분 되었는데 걸어 볼까요?" 자기 일처럼 나서는 그에게 나는 고개를 끄덕였다. 갑자기 그가 절친한 우정 같은 것 이상으로 느껴온다. 아무래도 우린 어디에서 만난 일이 있는 허물없는 사이 같다. 그렇지 않고선 그토록 각별할 수가 없다. 전혀 낯설지도 않다. 그럼 어디서 어떻게 만났을까.

예전에 우린 광활한 우주 공간의 서로 다른 소행성에서 살고 있었을까. 어느 날 두 별이 충돌하여 산산이 부서진 운석이 되었는데 지구의 인력으로 이 지상에 떨어진 운명의 운석의 파편이었을지 모를 일이다. 어쩌다 그것이 생명체로 변한 것일지도. 나의 끝없는 신비주의가 고개를 드는 순간이다.

아미를 숙이고 숫자를 눌러주는 나의 아름다운 구세주. 눈물이 나도록 고맙다. 난 차마 그에게 수고를 더 끼칠 수가 없다. 그의 기다리는 열차가 아직 당도하지 않은 모양이다. 끝까지 편리를 봐주려고 엉거주춤 서 있는 그에게 고마웠다고 절을 하고 돌아섰다. 다시 돌아다보니 그의 등이 막 전동차 속에 묻히고 나는 바다에 떨어뜨린 하나의 보석을 애석해하며 다시는 찾을 길 없는 절망감에 매몰되어 그가 사라진 쪽에 자꾸 손을 흔들고 있었다.

설사 오늘 친구를 만나는 일이 파투가 난다 해도 오늘 그 청년을 만난 것으로, 그가 나에게 바친 비할 데 없는 공손한 모습만으로도 나는 오랫동안 두고두고 가슴 설렐 것이다.

휴대전화라는 이기를 갖고 있지 않은 덕에 나의 나르키소스와 한 의자에 7분간이나 나란히 앉아 있었다는 사실은 얼마나 큰 행운인가. 그것을 갖고 있었다면 아름다운 기적은 일어나지도 경험하지도 못했을 것이다.

세상엔 하루에도 많은 천사가 스쳐 지나가고 있을 텐데, 신의 사랑이 우리 가슴에 봄꽃을 심어 놓았는데 우린 무심하고 아둔하여 그것을 모르는 채 보석을 놓쳐버리고 우울하고 불안한 얼굴로 그저 바삐 서로 지나쳐버리는 게 아닐까. 아름답고 싱그러운 청년의 출현으로 환한 봄날 오후를 친구와 함께 지낼 수 있도록 배려한 오늘의 운이 소중할 뿐이다.

좀 전에 재수 옴 붙은 날이라고 한숨 쉬었던 일을 얼른 취소하고 허공에 대고 말했다. 운수 대통한 날이라고, 나는 지극히 아름다운 오늘을 살고 있노라고.

그가 내게 달려와서 봄꽃을 터뜨리고 갔다. 내가 너를 꽃이라고 불렀더니 너는 세상의 봄을 다 주고 떠나갔다. 너로 인해 내 몸이 봄이 되어 생명으로 온 온갖 것을 품어 안는다. 기분 좋은 봄날 오후에.

제7 강의실

태백산맥 고원지대에 끼었던 짙은 안개에 비하면 이건 안개랄 것도 없지만, 며칠째 성근 얼기미 같은 뿌연 안개 속에 갇혀 하릴없이 무료히 지냅니다. 그렇게 짙은 농무는 어릴 적 그 산자락에서 보고는 지금껏 만나지 못했습니다.

산맥 발치에 낀 안개가 촘촘한 옥양목이라면 지금 눈앞에 일렁이는 이것은 석새 짜리 엉금성금 그물 같은 삼베 자락입니다. 그나마도 온종일 끼어 있으면 헐벗은 떡갈나무 가지 사이로 분주히 들락거리는 참새 지저귐이라도 들을 수 있을 터인데 안개는 뜬구름보다도 쉬이 스러지니 아쉽기만 합니다. 안개가 끼면 참새 떼들은 제 세상을 만난 듯이 날뛰거든요. 저희도 갑자기 앞이 잘 안 보이니 재미있나 봅니다. 일기의 변화는 아마도 권태로운 참새들에 새 활력을 안겨줄지도 모르지요. 나도 꿈을 꾸는 듯한 뽀얀 크림 속으로 무한정 빨려드는 것 같은 걸요. 그러니 철딱서니 참새 떼들이야 오죽 신이 나겠습니까.

실은 내가 하려는 얘기는 안개 얘기도 참새 얘기도 아닌 7강의실에 대한 얘기랍니다. 맥없이 쓸쓸하거나 공연히 즐겁거나 하면 습관적으로 그대에게 편지를 쓰고 싶을 때가 있습니다. 오늘은 7강의실에 대한 얘기를 써볼까 합니다. 아마 그대만큼 편안하게 상대로 하여금 얘기를 쏟아놓게 하는 사람도 없을 겁니다. 편안하게 들어준다고 해서 아무렇게나 두서없이 주절댈 수도 없어 말머리를 어떻게 꺼낼까 조금은 망설여집니다.

7년 전 우연히 어떤 문학 강의를 하는 제7 강의실에 몸을 부렸습니다. 70의 나이에 얻은 기적이었지요. 행운이기도 했고요. 나는 가족과 친구에게도 늙마에 운수 대통한 만년을 보내게 되었다고 신이 나서 자랑했습니다. 그리고 보니 그 7강의실에서 7년이란 세월이 흘렀습니다. 7년이란 시간. 박사가 되고도 남는 시간이지요. 그래서 목표한 바를 이루었냐고요? 글쎄요 7강의실은 나를 먹여 살린 곳, 내 영의 양식을 대 준 곳입니다. 내가 마지막까지 잘 타오를 수 있으라고 솔갱이 불쏘시개가 되어준 곳입니다. 아니 내 안의 에너지를 송두리째 뽑아내어 탈진시킨 적도 한두 번이 아닌 몹쓸 곳이기도 하지요.

7강의실의 문학은 나를 마치 20대처럼 불태워주고 30대처럼 고뇌케 하고 40대처럼 정체를 찾아 헤매게 하고 50대처럼 늘 중후함을 지니게 하고 60대처럼 종막이 서서히 오고 있음을 알게 하여 겸손케 하고 70대처럼 달관한 끝에 오는 어렴풋한 완성의 기쁨 같은 것을 누리게 했습니다.

무엇보다 7강의실은 나에게 아팠던 지나간 기억 창고의 빗장을 열어 주었습니다. 유년의 회억, 사랑의 만남과 기쁨 그리고 이별, 다시는 돌아보지 않으려던 고통과 회한을 형상화할 수 있도록 담금질 하듯 반추하게 했습니다. 나는 그만 그 독려에 밀려 나도 모르게 그 두려웠던 은밀한 실타래를 풀고 있었습니다. 그것은 두려운 설렘이었습니다. 치유를 핑계로 새살도 돋지 않은 상처를 헤집는 일이었지요.

그런데 기적처럼 한발 물러서서 그 상처를 바라볼 수 있게 되었습니다. 그러는 중에도 황금 같은 시간이 자꾸만 흘렀습니다. 시간이라도 더디 가면 좋으련만 살같이 내달아 잠시 낮 꿈을 꾼 것같이 허무하게 지나가 버렸습니다.

7강의실에서 태동하던 모든 지식들, 늙음을 망각게 하던 향학의 열망, 창작의 의욕이 충만하던 곳 그래서 고뇌하던 곳. 그래요 7강의실은 나의 아름다운 '고뇌의 방'이었습니다. 어떠한 금기와 비밀도 내가 향유하는 자유의 집이기도 했습니다.

일전에 거리에서 장의 행렬을 보았습니다. 사람이 죽으면 마지막 떠나는 운구가 고인이 살던 집 다음으로 정이 들고 사랑하던 곳에 잠시 들르는 의식을 행합니다. 그런데 그 유해가 나의 그것과 겹쳐져 보이는 겁니다. 그리고 어디론가 떠나고 있었습니다.

나는 나의 유해를 따라가 보았습니다. 내 그것은 아마 서울 번화가에 있는 7강의실에 들르려나 봅니다. 교통이 번잡하여 마지막 의식을 제대로 치를지는 모르지만 아무튼 나는 운구차에서 뛰어내려 고층 건물의 에스컬레이터로 단숨에 9층까지 올라 7강의실의 문을 열고 있었습니다. 내가 흉측한 모양을 하고 있더라도 사람들은 볼 수 없으니 다행한 일이지만요.

인생의 끝에서 얻은 예기치 못했던 행운의 시간과도 어여쁜 우정과도 이별의 포옹을 끝내고 나는 사랑하는 고뇌의 방을 나오고 있었습니다. 나는 허망하거나 슬픈 모습이 아니었습니다. 그지없는 안도의 표정이라고 할까요.

늙음에 대한 사실도 때론 위안이 됩니다. 늙음을 맞는다는 것은 사랑을 알게 되었다는 증좌일 것이고 이제 별 거부감 없이 죽음도 맞아들인다는 신호를 쏴 올린 거지요.

그 갈망, 그 실의, 그 기쁨은 모두 순식간에 사라질지라도 나의 마지막 귀로를 함께 했던 7강의실은 가장 뚜렷하게 나의 끝을 장식한 아름다운 상흔으로 남을 것입니다.

오늘은 어제보다는 좀 더 짙은 안개가 끼었습니다. 저만치 눈에 익은 어제의 산자락이 밤사이 이사를 갔는지 보이지 않고 서리가 하얗게 앉았던 배추밭도, 서울 나들이할 때 완만한 호선을 그리며 들판을 돌아나가던 기찻길도 안개에 묻혀버렸네요. 그래도 태백산에 끼어있던 농무엔 어림도 없습니다. 내 몸이 갑자기 작아져 솜사탕 속에 갇힌 요정이 된 것 같아 “엄마아” 부르면 바로 지척에서 "응?" 하는 엄마의 음성을 확인하고서야 맘을 놓을 정도였으니까요.

나는 묵정밭 같은 묵은 한 생을 이 고뇌의 방에서 푹 익혀 마지막 한 김을 올리고 뜸을 들이는 중입니다. 뜸을 잘 들여야 성공한 요리가 되는 거랍니다. 할 수만 있다면 뜸 들이는 시간을 오래오래 갖고 싶어요. 그래야 더 여기 머물 수 있을 테니까요. 솥 안의 재료들이 들끓던 열기를 서서히 가라앉히고 차분히 서로를 보듬고 어우러져야 한답니다. 그러고 나서 아주 맛있고 향기로운 상을 차려 목마르고 허기진 그 누구에게 바칠 텝니다.

나는 다래 덩굴입니다.

깊은 산골짝 잡목 숲에서 살던 나는 어느 날 낯선 아저씨의 손에 캐어져 그의 차 뒤 칸에 실려 엎드린 채 흔들리며 어디론가 가고 있었습니다. 이웃하고 지내던 산초나무와 머루 덩굴에게 잘 있으란 인사도 못 하고 황망히 골짝을 떠났지요. 그렇게 실려 온 나는 아저씨네 뜨락에 심어져 몇 년이 지나는 동안 둥치 굵은 다래나무가 되었습니다. 울타리도 없는 마당을 흘러 돌아가는 도랑물가에서 밤이면 저만치 아저씨네 벽돌집 유리문을 통해 따뜻한 불빛을 바라볼 수 있어 좋았지만 처음엔 모두 낯설고 외로워서 마음 붙일 곳이 없었지요. 뿌리가 내리기까지는 몸살도 호되게 앓았습니다.

좁지 않은 마당은 유실수로 가득했어요. 여러 그루의 청, 홍, 백 매화나무, 개암나무, 뽕나무, 산수유, 보리수, 살구나무, 대추나무, 호두나무가 창 밑의 하얀 으아리꽃과 어우러져 다정하게 살고 있었습니다. 도랑물 저쪽으로 감자밭을 한참 지나면 남북으로 놓인 기찻길이 장난감처럼 누워있고 그 위를 지우개 같은 기차 칸이 열 칸 정도 개암나무 잎새 사이로 고물고물 지나가곤 했지요.

포도나무 받침대를 타고 오르다가 요즈음 키 큰 개두릅나무를 감고 뻗어 올라간 나는 높은 데서 정원 구석구석을 샅샅이 볼 수 있는 성능 좋은 초고속 무인 카메라와 같답니다. 하루 종일 벌어지는 일이 재미있기도 하지만 두려운 일도 일어납니다.

지난 늦봄엔 참혹한 일을 속수무책으로 바라봐야만 했지요. 호두나무 중간쯤에 뱁새 부부가 부지런히 둥지를 틀었었지요. 알을 품은 지 여러 날 만에 어미가 잠시 둥지를 비운 사이에 하나둘 새끼가 알을 깨고 나오고 있었어요. 그때 어디선가 나타난 들고양이가 비호같이 뱁새의 산실을 덮친 것입니다. 나는 마침 지나가는 남행 열차로 눈을 돌리던 중이었습니다. 미리 알았더라도 어쩔 도리 없는 일이지만요. 어미가 뒤늦게 달려왔을 때는 부화 중이던 새끼도 둥지까지도 모두 도륙을 낸 뒤였습니다. 어미는 해가 저물도록 둥지 터를 맴돌고 또 맴돌았습니다.

그런 일이 있고 나서 두어 달 후 뱁새 부부는 이번엔 보리수 가지에 또 둥지를 장만했습니다. 통분의 뜨락을 박차고 떠나버릴 만도 하건만 지난번의 불운을 만회해보려는 심산인 듯 알을 낳고 또 품었습니다. 아저씨도 혀를 차며 가지치기한 솔가지로 둥지를 가려주고 들키지 않도록 잘 위장해 놓았지요. 그런데 보리수나무를 타고 기어오른 살모사에게 또 당했습니다. 두 번이나 몹쓸 일을 겪은 어미 뱁새는 실성한 것 같았습니다. 그래도 넋이 나간 채로 두 개 남은 알을 품었습니다.

정말 이런 광경이 정확한 카메라의 렌즈처럼 왜 내게 잔인하게 비치는 것일까요. 손을 묶고 바라봐야만 하는 내가 야속할 뿐입니다.

어제는 살구나무 발치에서 막 짝짓기를 마친 암사마귀가, 제 반도 안 되는 덩치의 수사마귀를 정신없이 포식하고 있는 것을 보았습니다. 알을 배태하려면 영양분을 섭취해야 한다는 어처구니없는 구실이었습니다. 알주머니에서 부화한 엄청난 수의 사마귀 형제들은 어미의 유전인자를 받았음인지 태어나자마자 약한 놈은 강한 놈에 의해 무참히 먹히고 겨우 셀 정도의 수만 남았습니다.

오늘 아침에는 아! 또 슬픈 일이 있었지요. 캄캄한 땅 밑에서 7년을 견디고 막 땅 위로 올라온 어린 매미가 세상을 둘러보기도 전에, 한바탕 울어보기도 전에 거미줄에 감겨 똥그랗게 말린 채로 그의 먹이가 되고 말았지요. 거미의 먹이가 되기 위해서 7년 동안을 참고 견뎌낸 셈입니다.

이 되풀이되는 질긴 순환을 끝내는 날은 없을까요. 모든 생명이 죽음 없이, 먹고 먹히는 일 없이 사는 방법은 없을까요. 왜 넘치도록 생명을 마련하게 해놓고 적정한 수를 넘는다며 그것들을 잔인하게 제거하는 이 자연의 섭리라는 건 또 무엇인가요. 사방을 둘러봐도 가슴 설레는 일이라곤 없고 답답하고 슬픈 일뿐입니다.

그렇긴 해도 여기 사는 생명들은 사람들처럼 복수를 도모하거나, 분통을 터뜨려 총기를 난사하거나, 자살을 기도하는 따위의 일은 하지 않습니다. 운명을 순하게 맞이하며 늘 불안함을 안고 안온하게 살아간답니다.

그러고 보니 기쁜 일도 있긴 있었습니다. 살모사에게 먹히고 남은 두 알에서 뱁새의 아기가 태어났거든요. 극성스런 새끼가 온종일 배고프다고 입을 벌리고 제 어미의 등골을 파먹는 양이 얄밉긴 해도 이 뜨락의 경사임엔 틀림없습니다. 가슴 아픈 일이 있는가 하면 기쁜 일이 고개를 내밀고 기쁨에 들떴는가 하면 어느새 근심거리가 마루 끝에 걸터앉습니다.

내 몸이 매일매일 투명한 가을볕을 받아 속살이 말갛게 익어 마지막 단맛이 들 무렵, 개암나무 잎 사이의 그 작은 기찻길 따라 손님께서 오는 것이 보입니다. 올 한해 인고로 여문 달콤한 열매를 손님께 드릴게요. 나는 내년 봄에 다시 하얀 다래 꽃을 피울 겁니다. 사람들은 한 달 후를 기약할 수 없다고 하지만 나는 감히 일년 후를 기약합니다.

은대 들녘에서 서늘한 바람이 불어옵니다. 바람 끝에 익은 곡식 냄새가 구수하게 묻어옵니다. 올해도 다래를 유난히 좋아하는 아저씨가 맛보기도 전에 배짱 두둑한 콩새란 놈이 허리띠 풀고 먼저 실례할 것입니다.

그리도 잔인한 살생이 빈번한 영토임에도 불구하고 여전히 햇빛이 비치고 비가 내리고 인자한 바람이 불어옵니다. 권태로울 만큼 평온하지만 때론 생명의 투쟁이 무자비하게 벌어지는 예측불허의 수상하기 그지없는 뜨락인데도 말입니다.

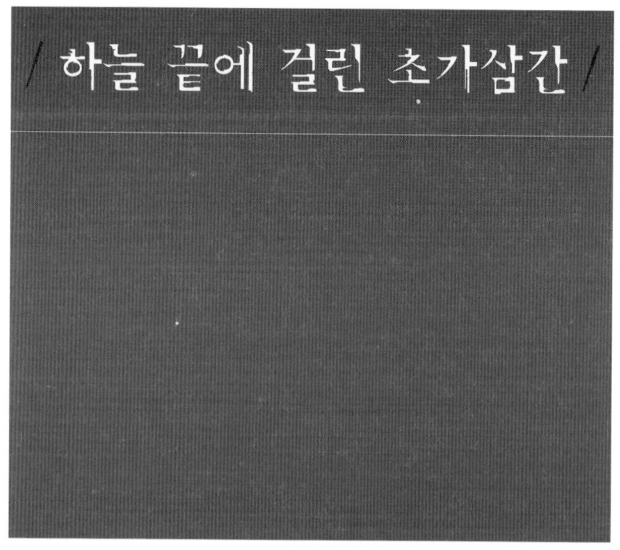

하늘 끝에 걸린 초가삼간

"애들아, 도랑 건넛집에 개초(이엉을 새로 입히는 일) 하는 날인데 이삭 주우러 가자." 장난스러운 박새 한 마리가 앞장서서 휑하니 날아가자 이내 졸개들이 왁자지껄 뒤따른다. 굳이 개초하는 데까지 가서 이삭줍기를 안 해도 먹을거리가 지천인데 새들은 사람 꽁무니를 따라다니는 게 재미있는 모양이다.

어쩌다 탈곡할 때 덜 떨어진 몇 낱 안 되는 나락을 이엉 하는 볏짚에서 찾느라 지붕에 올랐다가 마당에 내려앉았다가 볏짚을 들쑤셔놓고 파리 떼처럼 성가시게 군다. 사람 발치에 채이면서도 개초가 끝날 때까지 주위를 맴돌며 떠나지 않는 것을 보면 이삭을 줍는다는 건 구실이고 사람 온기에 묻혀 지내고 싶어서가 아닐까.

우린 언제부턴가 그 수더분하고 모나지 않는 둥글둥글한 맘씨 좋은 하늘 같은 지붕 모습을, 자연친화적인 볏짚을 얹은 가을 빛깔의 그 모습을 볼 수 없게 되었다. 그것들은 어디론가 아득한 곳으로 떠나가고 말았다.

오랜 우리 주거 문화의 모태인 초가가 그토록 서민들로부터 사랑받았던 이유는 1~2년에 한 번씩 지붕을 갈아주어야 하는 번거로움과 불에 약하고 썩기 쉬운 단점이 있음에도 불구하고 집을 짓는 데 필요로 하는 재료들을 구하기 쉬웠기 때문이었을 것이다. 단점 못지않게 볏짚은 가볍고 단열 (볏짚 속의 구멍이 천연 단열재 역할을 한다.)및 보온성이 뛰어나 사계절이 뚜렷한 이 땅의 기후에 잘 맞는 재료였기 때문이리라. 개초를 마친 초가지붕은 누르스름한 황금색으로 윤기마저 흘렀다.

초가의 이엉은 고기 비늘 같이 이엉에 턱이 지는 형태의 '비늘이엉'과 뿌리 쪽인 글커리가 밖으로 드러나지 않도록 매끄럽게 잇는 형태의 '사슬 이엉' 그리고 이엉을 엮지 않고 그냥 펴서 얹는 형태의 '흐른 이엉'이 있는데 태반이 사슬 이엉을 올렸다.

나중에 용마루에 덮을 이엉을 올리는데 양쪽에 날개를 단 모양으로 가운데는 양 나래를 틀어 엮어 매듭을 지었다. 용마름을 둘둘 말아서 "자, 용 한 마리 올라간다!" 지붕 꼭대기를 향해 휙 던지면 마지막 단장을 하고 개초가 끝난다. 이엉이 바람에 날아가거나 뒤집히지 않도록 집 줄로 얼개를 엮어 매고 바람이 센 고장에선 짚 줄 끝에 무거운 돌멩이를 묶어 이엉과 지붕을 고정시킨다. 일손도 두세 사람이면 족하다. 마당에서 지붕으로 던져주고 위에서 받아 빙 둘러 볏짚을 덮으면 되니까.

집을 지을 때도 여러 명의 목수가 달라붙는 기와집처럼 시끌벅적 요란하지도 않았다. 재료는 숲에서 베어 온 기둥과 들보와 서까래에 그저 주변에 널린 흙과 나무와 짚이면 되었다. 흙과 짚을 이겨서 바른 토담집은 여름에 시원하고 겨울이 따뜻했다. 초가는 돈이 들지 않는 건축이었다. 가난한 이들이 애착을 가질 수밖에 없지 않았을까.

우리 민족에게 짚이란 생명 또는 그 이상의 것이었을 것이다. 악귀와 질병, 액을 막을 때에도 어김없이 볏짚으로 만든 금줄을 둘렀던 것은 짚을 신성한 것으로 여겼던 것이리라. 그것은 아마도 우리의 혼이나 다름없는 쌀을 생산하는 볏짚이 더없이 신성한 것일 수밖에 없었기 때문일까.

볍씨를 뿌려 밥이 될 때까지 여든여덟 번의 손을 거쳐야 한다는 쌀, 그래서 한자로 쓰는 미(米)자를 팔십팔(八十八)을 합친 글자로 풀이한다는 이 말은 여든여덟 번의 손이 가기야 할까마는 쌀 한 톨 만들어내기가 그만큼 힘이 들고 또 든다는 말일 것이다.

우리 조상들이 무수한 외세의 침입에도 불구하고 이 땅을 지켜낸 것도 어떤 의미에서는 바로 이 쌀을 지켜내기 위한 것이었으리. 초가는 바로 그 신성함을 지붕에 올림으로써 하늘을 표현했던 셈이다.

언젠가 종로 거리를 지나다가 볏짚 이엉을 한 오두막을 보았다. 노오란 볏짚이 눈에 상큼하여 가까이서 보니 주차장 매표소였다. 후덕한 짚을 머리에 인 벽면에 커다랗게 '유료주차장'이라 쓰여 있었다. 바지저고리 입은 촌로가 M1 소총을 메고 있는 것 같았다. '자동차 쉬어가는 곳'이라 쓰면 좋았을 텐데. 볏짚 이엉에게 미안한 마음이 들었다.

지금 우리 지붕 위에 허술한 볏짚은 덮여있지 않아도, 층층이 견고한 콘크리트 안에 갇혀 공중에 떠서 살아도, 해마다 개초할 걱정도 없이 편하게만 살아도, 산기슭에 둘레둘레 앉아 바람결에 볏짚 썩는 냄새를 맡으며 살던 초가삼간이 그립다.

오늘같이 조용히 비 내리는 날, 내 초가삼간은 가스락가스락 개초한 볏짚으로 스며드는 빗방울 소리가 순하고 부드럽다.

가을걷이를 끝내고 새 이엉을 올리던 따뜻한 사람들은 어디로 갔을까. 사람이 좋아 인가에서 때를 묻히며 살던 멧새들은 어디쯤에서 날개를 접었을까. 우리 이엉 얹는 날의 그 아늑하던 광경을 어디서 다시 만날 수 있으려나.

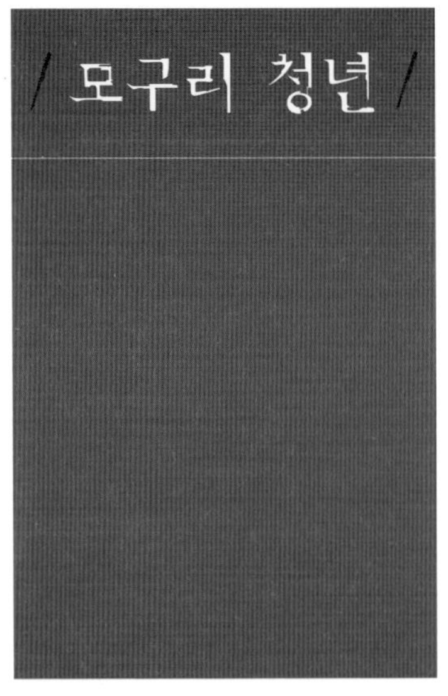

소요산행 전동차 안은 퇴근 시간이 임박해선지 사람들로 붐볐다. 나는 통로를 비집고 들어가 겨우 흔들거리는 손잡이를 잡을 수 있었다. 앉은 사람들 머리 위로 까만 창밖을 무심히 바라보고 있는데 앞 사람이 불쑥 일어서더니 자리를 내준다. 깡마른 체형의 30쯤 된 청년이다. 사양하다가 그의 선의에 대한 대접이 아닌 것 같아 앉았다. 서너 정거장이 지난 뒤 옆자리가 비자 난 예약된 자리라도 되는 듯 그를 앉혔다. 열차는 청량리를 지나고 있었다. 집까지는 아직 한 시간 남짓 걸려야 한다. 어디까지 가느냐고 묻는 그의 음성은 외모와는 달리 부드럽고 굵은 목소리다.

"지행이요"

"아! 저도 거긴데요"

그는 금방 환하게 웃으며 행선지가 같음을 신기해했다. 도심의 지하를 벗어나 땅 위로 올라온 차는 이내 화사한 석양빛에 물들며 꿈처럼 달리고 있었다.

그는 적당한 간격을 두고 말을 걸어왔다. 말을 건네는 품이 극히 자연스러워서 서로 아는 사람이라도 되는 양 편하게 얘기를 나눌 수 있었다. 청년은 지행에 시집간 누님이 살고 있어 가끔 찾아간다고 했다. 부모님이 일찍 돌아가시고 남매가 함께 살다가 누나가 결혼한 뒤 자신은 고시촌 같은 데서 혼자 산다고 했다. 지방에 있는 어느 대학을 졸업 했는데 몇 년이 지나도록 아직 취직을 못했다는 것이다. 1차는 합격인데 무슨 연유인지 면접에서 번번이 떨어졌다고, 아마 깡마른 용모 때문인 것 같다고 말하며 웃었다. 소탈하고 약간의 비음이 섞인 목소리가 친근감을 주었다.

지행역에 내렸다. 해가 떨어지자 금세 어둠이 내려앉고 있었다. 그와 집의 방향이 비슷해서 철도 변의 작은 숲길로 들어섰다. 가로등이 군데군데 켜져 있었다. 그는 느닷없이 물었다.

"모구리라는 거 아세요?"

"모구리라면 일본말로 잠수한다는 뜻인데 혹시 잠수부?"

"예, 아마 잠수부가 될 것 같아요."

대학에서 알게 된 친구가 통영에 사는데 할아버지 때부터 내려오는 모구리 집안이라고. 정 취직이 안 되면 내려와서 같이 모구리나 하면 어떻겠냐고 권유한다고. '모구리나 하면서….' 어찌 들으면 한가하고 낭만적으로 들리는 이 말, 모구리. 그러나 어디 그게 말처럼 쉬운 일인가. 청년은 아무 말도 없이 한참을 걸었다. 그러다 조금은 허탈한 말투로 독백하듯 말했다.

"그런데 제가 바다를 되게 무서워하거든요."

무서운 바다를 향해 한발 한발 다가가야 하는, 두렵지만 삶을 향해 의연히 가려는 그의 모습이 가엽다. 저런 반듯한 청년이 일자리를 얻지 못하다니. 나는 2004년 미국 민주당 전당대회에서의 버락 오바마의 연설문의 한 대목이 생각났다.

"시카고의 사우스사이드에 글을 읽지 못하는 어린이가 있다면, 비록 그 아이가 제 자식이 아니라 해도 그것은 제 문제입니다. 어딘가에 살고 있는 노인이 약값을 내지 못해 약값과 집세 사이에서 갈등하고 있다면, 그분이 제 조부모님이 아니라 할지라도 제 삶은 더욱 가난해집니다. 어느 아랍계 미국인 가족이 변호사를 선임하지 못한 채로 올바른 절차 없이 체포된다면 그 사건은 제 인권을 위협하는 것입니다."

그의 연설은 왠지 우렁우렁 울려오는 광야의 외침과도 같다.

얼마 전 통영 앞바다에 바다 목장을 만든다는 프로그램을 TV에서 방영했다. 수중 촬영한 모니터 속에서 가파도 해저의 다금바리와 돌돔을 거느리고 유유히 유영하는 청년이 잠수 마스크 안에서 환하게 웃고 있었다. 그 웃음은 전동차 안에서 만났던 청년의 얼굴을 맘껏 구기는 그 독특한 웃음을 닮았다. 순간 나는 화면 속의 그가 그 청년이나 되는 것처럼 "이제 바다가 두렵지 않니? 너 바다에 드디어 적응했구나!" 마음의 소리를 질렀다. 그리고 바닷

속에 빠진 것처럼 가슴이 조여오고 울먹해졌다.

바다 밑에 들어가면 호흡곤란을 일으켜 죽을지도 모른다는 그 두려움을 떨쳐내며 산소통을 둘러메고 용감하게 바다에 뛰어든 모구리 청년의 생명을 건 믿음처럼 실직자가 없는, 두려운 일을 하지 않아도 되는, 하고 싶은 일을 맘껏 할 수 있는, 우리가 바라는 그런 세상의 도래를 한번 믿어본다.

험한 세상에서 우리가 간구하는 만큼 염원하는 만큼 보내오는 축복을 의심 없이 한번 믿어보는 거다. 설사 그 추구하는 염원이 지금은 향기 없는 그림자에 불과할지라도, 언젠가는 허망한 그림자를 걷어내고 그 실체를 마주 볼 수 있을 거라는, 만질 수도 있을 거라는 것을.

콩들의 영광

나는 푸른 집에 들어 있는 풋콩을 까노라면 몰아의 경지에 들어간다. 일 년 내내 하고 싶은 일이지만 오뉴월과 가을의 추수철 잠시뿐이라 너무 아쉽다. 완두콩은 오월에, 유월 동부는 유월에 나고 울타리 콩은 좀 더 늦게 난다. 서리태나 그 밖의 콩들은 벼 추수철에 마른 것을 거둬들인다. 눈 내리는 창가에 앉아서, 꽃봉오리 터지는 매화나무 아래서도 그 일을 하고 싶고 비 오는 날 먼 산을 바라보며 종일토록 좋아하는 사람의 얘기를 들으며 콩을 깐다면 얼마나 더 재미있을까. 자루에 든 풋콩을 산처럼 쏟아 놓고 까도 까도 지루하지가 않다. 손톱이 아프면 콩깍지의 양쪽을 쥐고 비튼다. 그럴 땐 비릿한 풋향기와 함께 알맹이가 후루루 떨어져 내려 훨씬 수월하지만 재미가 없다. 나는 곧 먼저의 방식대로 콩깍지 머리에서 등줄기로 실 같은 섬유를 지퍼를 내리듯 밀어 내린다. 콩 집이 쩍 벌어지면서 고것들이 '응애!' 하며 꼼지락거리는 것 같고 어떤 놈은 '까꿍' 하며 제가 먼저 인사를 한다. 탯줄에 달린 여섯 일곱 쌍둥이 같은 형제들이, 무늬도 다른 것들이 어찌나 다정한지, 맏형의 챙기고 돌봄이 극진하여 집 밖으로 이탈하는 놈이 하나도 없다. 얌전하게 제집에 엎드려 있다가 생애 처음으로 눈부신 햇살을 맞아 소스라친다.

전생에 비둘기였는지 나는 콩이란 콩은 다 좋아한다. 완두콩을 하얀 쌀밥이나 잡곡밥에 넣어 오이소박이와 곁들이면 달콤하고 구수한 맛이 좋다. 알록달록한 울타리 콩을 다문다문 넣어서 지은 촉촉한 밥에 잘 익은 열무김치와 먹으면 그저 그만이다. 백태를 맷돌에 갈아서 돼지갈비와 무청 시래기를 넣어 끓인 콩비지에 양념장을 얹으면 유명한 평안도 '되탕'이다. 서리태, 백태, 흑태, 밤콩, 땅콩, 팥, 녹두는 풋것일 때 듬뿍 넣어 밥을 지으면 밥 한 가지만으로도 진수성찬이다. 제철의 삶은 풋콩을 머리맡에 놓고 주전부리하며 배를 깔고 책보는 일은 비할 데 없이 즐거운 일이다.

"아무케도 니는 전생에 소나 삐들꾸(비들기) 였는 기라. 콩이라하모 죽고 몬 싸는걸 보모. 콩 좋아하다 후제 콩 되삐리모 우짤라카노."

내가 새댁일 때 친척 할머니는 큰 바가지에 풋콩을 수북이 따다 주시며 웃곤 했다. 콩을 너무 많이 먹어서 어쩌면 나는 할머니 말처럼 다음에 콩으로 태어날지도 몰라. 전생엔 비둘기였고 내생

(來生)엔 콩으로 태어난다? 그것도 괜찮을 것 같다.

처음엔 비둘기로 살다가 사람으로 승격했고 다음번엔 콩에게서 받은 봉사에 보은하기 위해 스스로 콩이 되는 것. 그래서 콩을 섬기는 것도 나를 보시하는 길이리. 너희가 오랫동안 나에게 온전히 헌신 희생했으니 다음 차롄 내가 사람이 된 너희를 섬겨야 마땅하리.

종자로 선택된 콩들은 영광의 길로 가기 위해, 어두운 땅 속으로 들어가 스스로 몸을 썩히기 위해 파종의 시기를 기다린다. 저희가 죽지 않으면 아무것도 이룰 수 없다는 걸 알지만 무리와 헤어져 캄캄한 땅 속에 홀로 던져진다는 것이 외롭고 슬프다. 농부의 손끝에서 흙 속으로 떨어지는 순간 번지점프 하는 것 같은 아찔하고 막막한 두려움을 떨쳐낼 수가 없다.

그래도 파종을 기다리는 유월 동부는 어미의 희생으로 세상 구경을 했으니 어미가 치른 산고를 그대로 자신이 경험할 수 있도록 씨알로 선택된 것에 감사를 올린다. 제 몸을 살라 틔운 싹이 자라서 실한 콩 포기가 되고 꽃을 떨구고 배태한 콩 집이 스무 개쯤 달린다면 한 집에 콩 일곱 알이 들었다고 치고 140개의 자식이 생기는 셈이다. 요즘 같은 힘든 세상에 수지맞는 장사 아니냐고 이처럼 옹골진 장사가 어딨냐며 유월은 어깨를 흔들며 웃는다. 그리곤 140명의 내 아기를 만들기 위해 죽음의 어둠 속으로 돌진하며 유장한 각오를 다지는 유월 동부다. 그뿐인가. 서리태와 백태는 논두둑을 돌아가며 심심파적 삼아 파종 된다. 이른 봄에 허기진 찌르레기나 어치들이 더러 씨알을 파먹기도 하므로 좀 깊이 묻어야 한다.

콩 심는 날은 소문을 내지 않았는데도 어떻게 냄새를 맡았는지 극성스런 새들이 논두렁에 진을 친다. 씨앗들은 새들에게 들키지 않으려고 눈을 내리깔고 숨죽이며 흙 속으로 부지런히 들어간다. 논 도랑물을 먹으며 자란 덕에 콩 포기가 유난히 실해서 칠월의 강렬한 햇볕도 거뜬히 이겨낸다. 논에 새참을 이고 나왔던 아낙들이 부드러운 콩잎을 한 광주리 따가지고 돌아가 콩잎 김치를 담근다. 감자 으깬 물을 넣어 담근 뽀얀 물김치는 잎 표면이 까끌까끌하면서 고소하고 시원한 여름 물김치다.

서리태나 백태는 수염이 송송한 콩 집에 알이 두 개나 세 개씩 들어 있다. 흥부네 식솔처럼 조랑조랑 콩 집이 달린 백태의 콩 포기를 뿌리째 쇠죽 솥에 넣고 삶는 날은 소에게 최고의 영양식으로 대접하는 아주 특별한 날이다.

사람을 위한 수지맞는 장사를 경영하기 위해 썩으러 가는 위대한 콩들. 씨알이 땅에 떨어져서도 죽지 않았다면 아무런 사건도 없는 무미건조한 세상일 터인데 그것이 반드시 죽어 부활한다는 그 사실이 하도 신기해서, 한 치 어긋남 없이 본연의 제 모습으로 끝내 현신한다는 사실이 너무나 두렵고도 엄위하여 숨을 쉴 수가 없다. 자연의 운행이 영험한 사건들을 끊임없이 만들어내는 세상이 이제 와서 새삼 그것들이 왜 그리 신비스러운지 그것이 또한 신비롭기만 하다.

2009년에 부활해서 내게 올 씩씩한 콩들을 바람 부는 창가에 앉아서 기다린다.

마법 같은 삶의 무대

“당신은 인간 송신탑이다. 지상에 세운 어떤 텔레비전 송신탑보다 강력하다. 우주에서 가장 강력한 송신탑이다. 당신이 보내는 전파는 그대의 인생과 이 세상을 만들어낸다. 당신이 송신하는 주파수는 도시와 국경과 이 세상을 너머 온 우주에 퍼진다. 그리고 그 모든 일이 바로 당신의 생각으로 일어난다는 사실을 기억하라.

우주는 우호적인 곳이어서 당신이 어떤 일을 하든지 그대를 지지한다. 받아들여라. 이 우주가 당신에게 우호적인 곳임을. 마법 같은 삶의 무대에 온 당신 환영한다.“

‘린다 번’은 〈비밀(the secret)〉이란 자기 저서에서 세상을 향해 거듭거듭 타이르듯 당부하고 있다. 그녀는 심원유장(深遠裕長)하고 은유적 사고에 익숙한 우리 정서에다 가차 없이 자신의 직설적이고 단순 명쾌한 메시지를 들이민다.

당신은 자기 인생의 주인이고 우주가 당신의 모든 명령에 응답하고 있다고, 눈에 보이는 현상이 어떻든지 당신이 원한 것이 아니라면 거기에 현혹되지 말며, 집착하지 말라고. 아직 오지도 않은 번뇌를 미리 만들어내지 말며, 오직 원하는 것만을 생각하고, 느끼고, 이미 이루어졌다고 믿으며 감사하라고. 당신은 이 영광스러운 세상에서 이 경이로운 힘으로 자신의 삶을 창조할 수 있으며, 자신을 위해 창조할 수 있다는 것에 한계는 없다고. 생각하는 능력에는 한계가 없기에.

당신은 사랑이라는 가장 고차원적인 주파수대에 머무르게 됨으로, 오직 원하는 것만 말하고 원하는 것만 상상하라고. 염원은 항구적이어야 하니 포기하지 말며, 정지하지 말며, 당신에게는 '행복 버튼'이 있으니 지금 버튼을 눌러 무슨 일이 일어나도 손을 떼지 말라고.

그런데 어쩐지 린다 번의 주장은 좀처럼 수긍이 되지 않는다. 수긍은커녕 배신감마저 든다. 비행 근무 중인 헬리콥터가 추락해서 비통히 숨져간 저 어린것들의 아빠는 어쩌란 말인가. 불치병에 걸려 채 피어보지도 못하고 생을 닫아야 하는 어린 들꽃들은 어쩌란 말인가. 트럭을 집으로 삼고 거리를 방황하는 둥지 없는 식구들은 또 어쩌란 말인가. 재능이 있음에도 불구하고 가난 때문에 향학의 꿈을 접어야 하는 맑기만 한 젊음들은 어떻게 하고….

설마 그들의 피맺힌 염원이 우주에 닿지 않았다고 발뺌할 참인가. 매일매일 쏴 올린 갈망의 주파수는 어디로 날아가고 해 저문 나루터의 빈 배처럼 아무런 응답이 없는가.

"당신이 요청하는 순간 우주의 영적인 차원에서는 그 소망이 이미 '사실'로서 존재한다."고 단언한 것은 거짓이란 말인가.

지구는 우리를 위해 공존한다. 바다는 우리를 위해 밀려오고 밀려간다. 새는 우리를 위해 노래하고 해는 우리를 위해 뜨고 진다. 별은 우리를 위해 빛나고 모든 아름다운 것과 경이로운 경험은 우리를 위해 존재한다.

우리는 무한한 존재라고 한다. 우리에게 한계란 없다. 지상에 존재하는 모든 개인의 내면에 깃들인 능력과 재능과 소질과 힘은 무한하다. 나는 이 순간 들뜬 마음으로 사랑하는 사람들과 삶을 나누려 하고 이 흥분과 열정과 기쁨이 다른 이에게도 퍼져 나가기를 바란다고 '린다 번'은 술회한다.

도도하게 굽이쳐 흐르는 봄의 물결도 양팔을 벌리고 하늘을 향하여 주파수를 쏴 올리고 있다. 나의 송신탑도 수억 사이클의 강력한 주파수를 방금 온 우주에 발사했다.

심신이 쇠퇴하는 시기에 사는 현실임에도 불구하고 하루하루 둔화되는 두뇌의 회전에도 불구하고 내 안에서 빛나는 영감이 환하게 일어나기를, 풍요로움과 건강한 육체와 세상을 살아가는 데 필요한 온갖 욕구의 전파를 나는 송신하고 있다. 설령 그것들이

한날 염원에 그친다 해도 온 몸의 에너지를 총동원해서 한껏 고양된 힘의 파장을 전송할 것이다.

어떤 경우이든 나를 지지하고 나의 명령을 충실히 수행한다고 한 우주는 나의 송신을 한 치의 오차 없이 명확히 수신하라. 그리고 응답하라.

– 이 마법 같은 삶의 무대에서 –

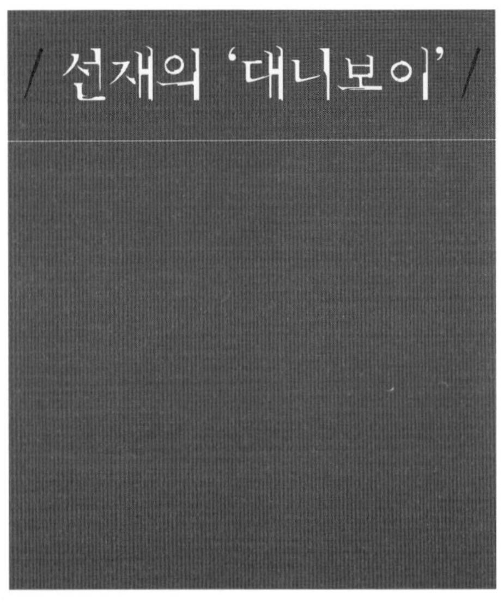

선재의 '대니보이'

선재는 아들 삼 형제가 낳은 손자 일곱 명 중 끝에서 두 번째이다. 그의 정신연령은 중학을 건너뛴 고교생쯤으로 애늙은이다.

바이올린을 좋아해서 잠자는 시간과 밥 먹는 시간을 제외하곤 그것을 몸에 붙이고 산다. 오랜만에 보는 아이의 얼굴은 창백해 보였지만 키가 훌쩍 크고 몰라보게 자랐다. 왼쪽 턱밑의 굳은살이 더 넓게 번지고 왼쪽 어깨뼈가 아프다고 찡그린다.

"다른 데 아픈 데는 없고?"

"허리도 아프고 온 삭신이 쑤셔서…."

아이가 아프다고 호소하는데, 삭신이 쑤신다는 말에 나는 웃음이 나왔다. 꼭 영감 같은 소리를 하는구나.

할아버지의 18번이 대니 보이였다는 걸 안 후부터 선재는 나를 만날 때마다 대니 보이를 연주한다.

아일랜드의 민요 대니 보이가 팝의 명곡 중 명곡으로 손꼽히는 이유는 에릭 클랩튼이 연주했기 때문일 것이다. 그러나 나는 에릭 클랩튼의 명연주보다 선재가 연주하는 대니 보이가 훨씬 명연주라고 느낀다. 에릭 클랩튼의 대니 보이는 선재가 할아버지를 대신해서 할머니께 전하는 그 소박하고 절절한 애상의 연주에 비할 수 없을 것이기에. 할아버지를 뵌 적도 없는 선재는 연주하는 동안 스스로 할아버지가 된 것처럼 완전 감정에 몰입한 듯 보인다. 약간 숙인 그의 하얀 아미가 눈부시다.

'피리 소리는 산골짝, 골짜기마다 산허리를 타고 울려 퍼지네. 여름은 가고 장미꽃들은 떨어지는데….너는 가야만 하고 나는 머물러야 하는구나….저 목장에는 여름철이 가고 산골짝마다 눈이 덮여도….'

선재의 클라이맥스는 이 대목이다. 그는 화려한 기구(氣球)를 타고 하늘로 오르듯이 한껏 고양된 감회에 몰입한다.

나 항상 오래 여기 살리라…. 는 대목에선 여전히 격렬한 고음으로 바이올린의 현이 팽창하여 끊어져 버릴 것 같다.

선재는 낙천적이다. 모자가 바이올린 연습하러 가는 길목의 김밥 집에서 김밥을 가끔 사는데 가게에 뚱뚱한 아낙과 빼빼한 아낙이 함께 장사를 한다. 뚱뚱한 아낙이 김밥을 말면 매번 옆구리가 터지는 통에 아이 어멈은 빼빼한 아낙에게 부탁을 하는데 하루는 가게에 그녀가 없어서 그냥 나가려고 하자 선재가 엄마 옆구리를 찌르며 아줌마가 무안하지 않으냐며 뚱뚱한 아낙에게 부탁을 했다. 그런데 그게 또 터지자 미안해하는 그녀에게 아이는 "터진 김밥이 더 맛있어요." 하며 들고 나왔다. 옆구리 터진 김밥을 잘도 먹는 아이다.

누가 시키지도 않았는데 경연대회에 나가서 대상 받은 상금이라며 보라색 봉투에 넣어 내게 건네준 돈은 지금도 선반 위에 모셔져 내내 잠자고 있다.

현관문을 나서려는데 "할머니, 잠깐만요." 바이올린을 들고 선재가 따라 나왔다. 그렇지 않아도 오늘은 그의 연주를 사양할까 했는데, 연주의 끝을 견뎌야 하는 아픔을 피하고 싶어서. 그렇지만 신발을 신은 채로 현관 기둥에 기대어 아이가 연주 포즈를 잡기를 기다렸다. 작별 인사로는 더 이상의 낭만이 없지 않은가.

연주가 지난번보다 더 성숙해졌다. 리듬을 타는 그의 몸짓이며 능수능란한 기교가 무르익어 나는 문외한인데도 아이의 연주가 완벽하다고 느껴졌다. 소년기에서 청년기로 들어선 듯한 몸집이며 변성을 시작한 음성이 믿음직하다.

시커먼 사내애들이라 비 맞은 산적처럼 우중충하다고 늘 손주들을 표현했었는데 투명한 피부를 가진 이 아이는 해맑아서 마치 나르키소스가 천년의 강을 건너서 막 돌아온 것처럼 싱그럽다. '나 항상 오오래 여기 살리라'의 고조음이 오늘은 기름 부은 바다같이 잔자롭다. 그 사람은 이 대목에 이르면 온 심혼을 끌어올려 목청이 깨질 듯이 격창(激唱)을 했었는데, 선재는 아마 내 마음을 평온하게 하려고 안배한 모양이다.

잠시 손자의 몸을 빌린 그 사람의 대니 보이를 그곳에 두고, 사랑하는 나르키소스도 함께 두고 나는 흑석동 고갯마루를 넘었다. 소란한 거리에서 미소년 선재의 대니 보이를 애수 어린 환청으로 들으며 나는 다시 사바의 파도 깊숙이 몸을 묻었다.

막차로 온 각설이들

헐레벌떡 3년을 살아낸 각설이들이 내 거처인 동두천에 또 모여들었다. 안거 기간을 내 집에 죽치고 지내기가 그래도 만만한 모양이다. 꽃 지고 잎이 터지는 봄날에 부산 각설이, LA 각설이, 동두천 각설이가 모여서 노을 진 갈대밭에 개개비 떼만큼이나 소란스럽다. 오랜만에 맛보는 그 떠들썩함이 좋다. 얼마나 그리웠던 목소리들인가.

모두 3년 전과 별로 변한 게 없다. 80을 바라보는 각설이들은 뻔뻔스러울 만큼 여전하다. 이러다가 영영 살아버리는 게 아닌가 걱정된다. 우리 생명의 한계점이 야금야금 다가오고 있다는 것이 도무지 믿어지지 않는다.

부산 각설이는 백설 같은 머리가 햇빛에 반짝이지만 얼굴은 주름 없이 탱탱하다. 낑낑거리며 맛있는 쑥떡을 반말이나 해서 지고 왔다. 백 리만 걸으면 눈썹조차 무거우니 길을 떠나려거든 눈썹도 떼어놓고 가라고 했거늘.

LA 각설이는 밝고 쾌활한 것이 여전하고 그래도 예전엔 우수 같은 것, 허무주의 같은 것이 엷게 배여 있어 그림자처럼 드리웠던 그늘이 있었는데 그것이 없어졌다. 그런데 그 밝아진 모습이 썩 맘에 들지 않는 것은 왜일까. 그녀의 얼굴을 바라보면서 어딘지 깊고 무거운 고뇌의 날갯짓이 사라진 것이 못내 아쉽다. 그것들을 걷어간 것이 무엇일까. 그것은 무어라고 말할 수 없는 그 어떤 것이, 그 가벼움에 머리를 부딪친 것처럼 띵하다. 밝은 것을 원하면서 어두운 그늘에 안주하려는 이 이율배반적 모순은 또 무엇인가. 그녀는 단테가 죽어서 사랑하는 베아트리체를 만났을 때의 이야기며, 타고르의 〈기탄잘리〉를 암송하는 일 따위도 하지 않았다. 아마도 그 가벼움은 적멸 같은 고독감 속에서 견뎌내며 얻어낸 해답일 거라고 이해해 본다. 우울한 모습을 보여주지 않으니 다행한 일 아니냐고 결론을 내린다.

나는 이들이 체류하는 동안 무엇을 먹일까 하고 고민한다. LA 각설이가 좋아하는 미나리를 끼마다 무치고 이것저것 봄나물도 무쳐본다. 부산 각설이는 무 넣고 가자미 조린 걸 좋아했지. 친정아버지 오신 것은 반가우나 코 아래 진상이 무섭다던 옛 아낙들의 고민하던 밥상이 생각난다. 없는 게 없는, 먹을 것이 지천인 요즘 세상이면 옛 아낙들은 모두 효녀가 되었을 텐데.

먹고 자고 얘기하고 웃고 또 웃노라니 어릿광대 하나가 열 의사보다 낫다고 우린 여기저기 아픈 데가 싹 가셨다. 십 년도 더 살 것 같다. 큰일 났다.

우린 이 안거 기간을 아주 유효하게 보내야 한다. 그리고 마음속 깊이 회포를 간직해야 한다. 오체의 구석구석 충전해 두어야 훗날을 기약할 수 있다. 훗날을 기약한다니 우습다. 부산 각설이는 "기약이 뭐꼬. 이틀 후를 모르는데 그런 뻔뻔하기가 양푼 밑바닥 같은 소리를 함부로 입 밖에 내는 기 아이다. 이런저런 남은 희망들을 그저 마음속으로만 품을 일이제." 함박웃음을 웃던 그녀는 정색을 하며 노 할머니 같은 소리를 했다.

까맣게 잊고 살다가 어느 날 펄펄한 모습으로 달려와 달포 간을 짐벙지게 쉬다 가는 이들과 나는 각설이다. 죽지도 않고 오고 또 오는, 죽지도 않고 맞이하고 또 맞이하는 우리는 영락없는 사랑스러운 각설이다.

언젠가는 끝나는 삶이어도 좋다. 우리가 유한한 생명이라는 걸 언제는 몰랐던가. 삼 년 가문 논에 빗물 스며들듯 소리 없이 잦아드는 명줄임을 언제는 몰랐던가.

각설이에게 중요한 것은 걸지게 한마당 놀고 난 후, 무대의 끝판을 어떻게 마무리하는가 하는 것이다. 장엄하게, 슬프게, 환희에 넘쳐서, 허허롭게, 익살스럽게, 아니 가장 각설이답게 가자. 태평하게, 하늘이 내려앉아도 천하 태평하게.

시끌벅적했던 각설이들의 축제는 이제 끝났다. 재 재작년에 왔던 각설이가 죽지도 않고 또 돌아간다. 품바 춤을 추며 제 둥지로 돌아간다. 부산 각설이 말마따나 너무 뻔뻔해서 다시 만날 기약은 하지 않기로 했다.

일자나 한 자를 들고나 보니 일편단심 먹은 마음 죽으면 죽었지 못 잊겠네.
- 중략 -
남았네 남았네 십 자 한 자가 남았구나.
십리 백리 가는 길에 정든 님을 만났구나.
어허 품바가 잘도 한다. 어허 품바가 잘도 한다.

영원한 장타령이 접동새 우는 앞산 마루를 넘는데 각설이들은 부실한 몸을 낙조로 멱 감으며 제 살던 기착지를 향해 발걸음을 떼었다.

열나흘 밤의 새아씨

4

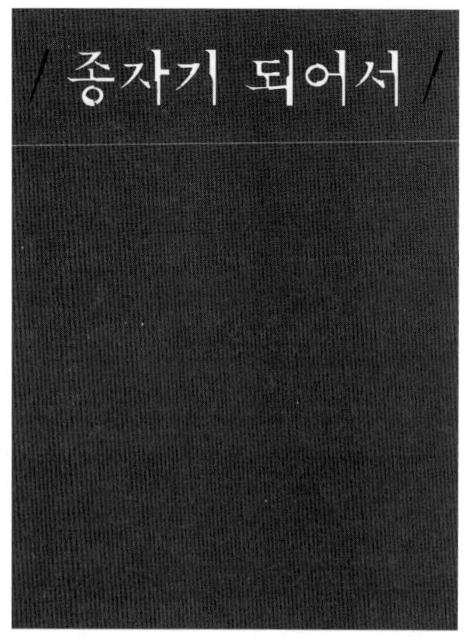

소슬한 가을날 창가에 턱을 괴고 곰곰이 생각해보니 아무래도 내가 자식을 키운 것이 아니라 자식이 나를 키운 것이란 결론에 닿았다.

신산한 시절 살아내야만 했던 절박함을 견딘 것이나, 그런 속에서도 사람을 사랑할 줄 알게 한 자비심 같은 것, 이런 것들이 내 아이들에 의해서가 아니었을까. 그들이 아니었으면 나의 영은 조금치도 자라지 못했을 것이고 칠팔월의 속 빈 피사리처럼 허망하게 뽑혀 나갔을 것이었다. 그들이 자라면서 말할 나위 없는 기쁨을 안겨주었고 슬픔도 알게 했다. 참는 법과 기다리는 것, 나를 다스리는 방도를 그들이 가르쳐 주었다. 이제 그들이 낳은 자식으로

부터 나는 또 마지막 영혼을 해맑게 헹구어낼 수 있을 것 같다.

어젯밤 열다섯 살 손자(선재)의 바이올린 독주회에서 돌아와 흥분으로 하여 좀처럼 잠을 이룰 수 없었다. 그의 선율의 여음이 자꾸 나를 어디론가 데려가고 있었다. 그는 가장 깊숙한 암반을 뚫고 길어 올린 샘물처럼 청량한가 하면 어느새 활활 타오르는 활화산의 도가니로 변하곤 했다. 대하처럼 도도히 흐르다가도 봄 시냇물처럼 애련히 속삭이고 있었다.

바흐의 〈샤콘느(chaconne)〉를 연주할 때쯤 아이는 완전 몰아의 경지에 빠진 듯했다. 바흐가 세상을 떠난 부인 마리아 바르바라에게 바치는 장송곡. 사랑하는 사람을 떠나보내고 단장의 슬픔 속에서 작곡한 바흐의 애절함을 연주하는 그는 어느덧 사랑의 고뇌 가득 찬 바흐가 되어 있었다. 앳된 선재의 모습은 어디에도 없었다. 그 햇순 같은 여린 아이가 혼신을 다하여 창작가와 교감하며 마치 사랑의 고통을 아는 듯이, 이별의 절망을 터득한 듯이, 그 허무와 고독과 열망을 깨달은 듯 완주로 향하는 모습이 그저 경이로울 뿐이었다. 아직 어른의 세계를 알 리가 없는 그가 그저 흉내만 내는 것이라 해도 그것에 다가가려는 의지와 열기가 정말 가상하고 어여쁘다.

몇몇 오케스트라로부터 협연 요청을 받고 연주를 해온 선재는 지금은 그들과 음악적 교감을 나누면서 성장하고 있다. "음악에 네 코가 꿴 것 같다."고 하자 아이는 코를 만지며 싱그레 웃었다. 늘 스케줄에 쫓겨서 연습을 해야 하는 아이의 모습이 애처롭다. 아무리 제가 좋아하는 일이라지만 한창 뛰어놀 나이에 내려놓지 못하는 큰 짐을 혹처럼 달고 있으니….

거문고의 명연주가인 백아의 친구 종자기는 죽어서 백아의 연주를 접게 했지만, 얘야, 너는 훗날 네 종자기가 죽더라도 악기의 줄을 끊지 마라. 종자기는 죽었어도 그의 영혼은 살아 있으니. 그의 혼령이 밤마다 너의 창가를 기웃거리며 네 거문고 소리를 들으려고 애를 태울 터인데 네 친구를 위해 신명 나는 명연주를 들려주어야지.

세상에서 네가 자라 어른이 되는 동안 괴로운 일, 허무하고 아픈 일, 포기하고 싶을 만큼 힘들고 지칠 때도 있을 것이다. 그럴 때, 내가 너의 '종자기'가 되어 줄게. 몸은 네 곁을 떠나게 되더라도 너의 선율이, 너의 '아리아'가 세상 사람들의 마음을 적실 수 있도록 축원할 게.

아이야 내가 여길 떠날 때는 나를 선가(仙駕)에 태우고 강물처럼 흥건한 너의 선율에 흠뻑 젖어서 미지의 나라로 물결쳐 가게 하여라. 내 연주자여, 세상에 눈발이 흩날리는 날, 따뜻한 봄날, 햇빛 눈부신 여름날, 서늘한 갈바람 속에서 허공에 뿌려지는 너의 선율을 나는 어느 골짝에서든 풀벌레 되어서라도 낙엽 되어서라도 떠돌이 구름 되어서라도 귀 기울이고 들을 터이니.

새벽녘에 우린 눈을 비비며 장화를 신고 잠자리채와 망사 자루를 들고 논으로 나갔다. 무장하는 데 까진 용감했는데 막상 메뚜기를 잡을 자신은 없다. 잡은 손안에서 그것들이 뛸 것을 생각하면 아찔해진다. 몇 번을 시도해 보지만 번번이 허탕을 친다.

젊은 동서가 목장갑을 끼워주며 한 번만 잡아보면 된다고 사정을 하지만 그들을 덮칠 수가 없다. 그저 동서의 뒤를 따라다니며 "여기 한 팀 있다. 저어기도 한 팀!" 대부분 두 마리씩 붙어 있어서 한 팀을 잡으면 두 마리를 포획한다. 논두렁에 쪼그리고 앉아서 손짓만 열심히 하면 동서는 이리 뛰고 저리 뛰면서 잘도 집는다.

이슬을 너무 많이 먹은 메뚜기는 몸이 무거워져 볏 잎이나 나락 위에 엎드려서 꼼짝도 않는다. 메뚜기가 움직이지 않는 또 한 가지 중요한 이유는 제 등짝 위에 작은 메뚜기 한 마리씩을 업고 있는데 모두 목하 열애 중이기 때문이다. 업은 놈은 암컷이고 업힌 놈은 수컷이다. 암놈은 수놈의 두 배 가까이 크다. 한참 열애 중인 연인들을 나포한다는 것이 비정한 것 같아 영 내키지 않는 일이다.

저녁때 흰 보자기를 논두렁에 펴 놓았다가 신 아침에 나가면 메뚜기를 한 보따리 잡을 수 있다는 이웃 할머니의 말을 믿고 어둑어둑할 때 동서가 광목 보자기를 논둑에 깔아놓고 들어왔다. 다음날 새벽 정말 흰 여백이 없을 정도로 놈들이 까맣게 붙어 있다. 건드려도 움직이지 않았다. 보자기의 흰빛을 보고 날이 샌 줄 알고 올라왔다가 이슬만 잔뜩 먹고 식곤증에 걸린 모양이다. 죽은 줄 알고 보자기 끝을 흔드니 비칠거리며 움직였다. 동서가 얼른 보자기 귀를 맞춰 잡고 흔들어서 끈으로 묶었다. 힘들이지 않고 놈들을 한방에 소탕했다.

"형님 희한한 일이지예, 그 할마시 말이 우찌 그리 맞을까예."

아이처럼 키들거리며 우린 논두렁길을 질러 집으로 돌아갔다.

온종일 비가 내려서 망사 자루에 넣은 전날 잡은 메뚜기를 부엌 벽에 걸어 두었는데 아침에 일어나보니 온 집안이 메뚜기 천지가 되었다. 작은 구멍을 비집고 모두 기어 나온 것이다. 메뚜기는 포태를 했거나 포태 중에 포박되었으므로 거의 산란을 하지 못한 채여서 안심하고 알을 낳을 수 있는 자리를 찾아 필사적으로 탈출을 시도했을 것이었다.

밤새도록 메뚜기들의 필사적인 '출애굽'의 대 탈출이 전개되는 줄도 모르고 잠만 잤다. 잠결에 쏴 하는 빗소리로 들은 것은 그들이 탈출하면서 낸 절박하고 애처로운 날갯소리였나 보다. 동서는 놈들을 잡으려고 뛰는데 나는 그것들을 피하느라 뛰었다. 그들은 두 번이나 포박의 고통을 겪은 뒤엔 힘이 빠져 늘어져 있었다.

결국 출애굽의 기적도 없이 애절한 탈출 계획도 무위로 끝나버리고 허탈한 메뚜기들은 파라오 군에게 모두 잡히고 말았다. 그리고 찜통에서 쪄지고 기름에 또 한 번 튀겨지는 두 벌 죽임을 당했다. 비록 부모형제가 사는 고향 무논으로 돌아가지 못한 채 죽어갔지만 그래도 사람에게 유익한 먹잇감이 되어 헌신 봉사한 것으로 위로를 삼고 있을까.

인천에 살던 사촌 동서가 경주 시골로 이사 하고서 몇 번을 다녀가라는 전화를 했었다. "내려와서 글도 쓰시고 쉬다 가이소. 메뚜기도 잡고예." 그녀의 따뜻한 목소리에 끌려 경주행을 단행했다.

높은 바다 수면에 갇힌 낮은 섬 같은 집, 다락방에 올라가 한 면을 통유리로 끼운 넓은 창으로 내다보면 탁 트인 무논이 바다같이 출렁인다. 말이 다락방이지 바로 눈높이에서 벼 이삭들이 바람에 흔들리는 모양이 장관이다.

"이 다락방은 언제라도 형님 방입니다." 그녀의 어여쁜 마음씨.

자를 댄 것처럼 고개 숙인 이삭의 높이가 가지런하고 고개 숙인 방향도 같아서 무연한 하늘 끝을 향해 이삭들이 일제히 절을 올리는 듯하다.

지금은 벼의 색깔이 유난히 노래서 유채밭 속을 거니는 것 같지만 머지않아 가을걷이 끝나고 찬바람이라도 불어오면 메뚜기 떼들도 가고 없는 허전한 논배미와 한겨울 눈이라도 내린 뒤의 쓸쓸할 들판이 가슴 한켠을 훑고 지나간다.

떠나는 날, 볏논과 하늘이 맞닿은 지평선에서 금가루를 뿌려오듯 햇살이 잘게 부서지는데 찻길로 나오는 아스팔트 길에까지 올라온 메뚜기들이 콩 튀듯 한다. 길에까지 올라와서도 등에 한 마리씩 업고 있다.

"느그덜 되게 사랑하는갑네. 오늘은 많이 잡을 낀데 미안해서 우짜꼬." 동서가 노란 바다를 배경으로 환하게 웃었다.

'될 수 있는 대로 오늘은 저 지평선 쪽으로 멀리 가서 놀아라, 아주 멀리, 사람 눈에 띄지 말고.' 그들에게 이르고 하늘을 쳐다보니 비늘구름이 곱게 깔렸다.

우린 카페의 옥호(屋号)를 무엇으로 할까 하고 며칠을 두고 고심했다. 좀 더 신선하고 정열적이면서도 아늑하여 지친 몸과 마음들을 누일 수 있는 요람 같은 뭐 그런 이름이 없을까. 남편과 나는 근사한 영감이 떠오를 때마다 손뼉을 치며 후보 이름을 적어놓곤 했다. 우리가 카페를 경영한다는 것이 꿈만 같아서 그저 붕 뜬 느낌이었다.

"밀밭이 어떨까?" 내가 무심히 던진 말에 그는 "밀밭이라…. 괜찮은데! 술 냄새가 좀 나긴 나지만. 그거로 하자."

그는 술도 못 마시면서 늘 퇴근길에 아름다운 음악이 흐르는 어느 카페에 앉아서 분위기에 흠씬 젖어드는 걸 즐겼었다. 그는 몹시 자기 가게를 가지고 싶어 했다. 카페를 시작할 자금이며 장소도 아직 막연한데 옥호부터 덜커덕 정해놓고 희희거리는 우리는 둘 다 한심한 철부지 같았다.

그 무렵 우린 네 번째 집을 지어 막 이사를 한 뒤였다. 우연한 기회에 집을 짓기 시작한 것이 차츰 이력이 나서 그렇게 꿈꾸던 바다가 보이는 언덕 위에 하얀 집을 지었다. 우윳빛 본 타일의 이층집이었다. 동쪽 창으로 호선(弧線)을 그린 해안선이 보이고 바람이 자는 날엔 갈매기 소리도 들을 수 있었다.

"햐! 드디어 소 세빠닥으로 잠자리를 잡았다 아이가. 숫자라면 보기만 해도 머리에 쥐가 일나는 사람인데 희한한 일이다. 이건 불가사의한 일이다." 집들이를 하는 날 친구는 내 흉을 있는 대로 보면서도 기뻐해 주었다.

30년 전만 해도 집을 짓는다는 건 어려운 일이었다. 지금처럼 건축 업자와의 계약 하에 일사불란하게 이루어지는 일이 아니었다. 도목수와 계약을 맺긴 하지만 건축주가 일일이 감독을 해야 했고 때론 도목수가 건축 대금을 미리 받아서 잠적해 버리기 예사였다. 남편은 회사 일로 바빴기에 주말 외엔 나 혼자서 그들과 싸우느라 속상해서 징징거리며 일을 벌인 걸 후회했다. 그런데 번번이 집을 지어놓으면 예쁘고 튼튼하게 지었다고 사겠다는 사람이 나타나서 목을 매었다. 네 번째 집을 짓고는 나는 너무 지쳐서 다시는 그 일을 하고 싶지 않았다.

이런 와중에 어렵게 자금을 마련하여 불안과 기대에 설레며 '밀밭'의 문을 열었다. 풋밀 냄새 풍기는 작은 샹젤리제는 손님들이 언제나 적당히 차 있었다. 항구의 번화가 한 귀퉁이에 우리 마당이 존재한다는 게 믿어지지가 않았다. 빈센트 반 고흐의 '까마귀 나는 밀밭'처럼 스산한 느낌이 아니었다. 한쪽 벽면을 꽉 채운 그림은 오월의 바람이 연둣빛 머리를 빗겨주는 위로 비비새가 쫑알거리며 날아오르는 밀밭이었다. 그곳은 너무 흥청거리지도 않고 너무 가라앉지도 않아 여기저기서 해맑은 웃음소리가 간간이 들리는 숲 속의 장원이었다. 그가 선곡한 음악의 선율은 가슴을 아프게도 하고 환희에 넘치게도 하고 눈물짓게도 했다. 나는 밀밭에 자주 나가보진 못했지만 그가 좋아하는 모습을 보며 오랜만에 세 아들과 새로 지은 집에서 남자들 틈에 끼어 느긋한 편안함을 누렸다. 그 이상의 행복은 없을 것 같았다.

그것은 일 년 남짓한 안식이었다. 그토록 안위와 온기를 보내오던 밀밭이 쓸쓸해져 갔고 급기야 예보도 없이 하룻저녁에 우리 곁을 떠나버렸다. 굳이 이유를 든다면 경험 없이 시작한데다, 거의 남의 손에 의존했고 비슷한 가게가 주변에 많이 생겨난 까닭이라고 우리는 구차한 변명을 늘어놓고 있었다. 우린 그 아늑한 공간을 사랑할 줄만 알았지 다부지게 경영할 줄을 몰랐다. 그는 아름다운 음악이 있는 아늑한 쉼터의 이미지를 만들기 위해 그렇게 애썼는데.

집안 어른들은 밖에서 그런 일을 하려 해도 안에서 말렸어야지 그 지경까지 이르게 했느냐며 나를 나무랐다. 나는 그를 말리지 않았을 뿐 아니라 그 사람보다 더 간절히 원했다. 집을 짓느라 생긴 부채도 갚아야 했고 좀 더 여유롭게 더욱 안연하게 살고 싶었기 때문이다. 내가 끝내 말렸으면 그도 단념했을 것이었다.

애정을 기울여 경영하던 밀밭이 남의 손에 넘어간 것을 그는 끝내 아쉬워했다. 영리를 목적으로 하기보다는 사람들과의 정이 넘치는 아름다운 소통의 쉼터를 꿈꾸고 있었다. 밀밭! 그 상큼한 어감, 그 안에 살던 생명들, 미처 영글지 못한 꿈들, 이상향을 향해 달리던 무수한 우정들, 알뜰한 연정들, 도란거리던 얘기들 모두가 밀밭과 더불어 침몰해 버렸다. 한눈을 판 사이 우리에게서 황금의 밀밭 한 뙈기가 감쪽같이 사라진 것이다. 그 구렁이 알 같은 밭뙈기가 손가락 사이로 흐르는 모래알처럼 소리 없이 빠져나간 것이다.

지방 근무를 자처해서 하동 지사로 내려간 남편을 찾아갔다. 그는 초췌한 모습으로 장난스럽게 활짝 웃었다. 나도 따라 웃었다. 그럼에도 불구하고 웃는 웃음이었다. 그의 건강이 많이 나빠 보였다. 우린 아무 말 없이 하룻밤을 새웠다. 아침나절에 하숙집 아주머니께 잘 부탁한다는 인사를 하고 터미널까지 그와 함께 나왔다. 버스가 움직이자 그의 코발트색 남방셔츠가 흔들렸다. 나는 버스 뒷자리에 앉아서 그의 셔츠가 달개비 꽃과 같은 색이네 하며 뒤창으로 고개를 돌린 채 보고 있었다. 그는 자꾸 작아지더니 달개비 꽃만 하게 되었다. 그리곤 코발트색의 한 점으로 남았다. 나는 그제야 참았던 눈물이 쏟아졌다. 눈물에 가린 달개비는 창문 가득 번져서 남방셔츠로 보이다가 그의 활짝 웃는 얼굴이 되었다가 차츰 부연 안개 속에 갇혀서 뒤죽박죽이 되어버렸다.

밀밭의 문을 닫아버리고 눈물과 기쁨으로 완성한 본 타일의 집을 남의 손에 넘겨버리고 우리는 다시 빈털터리가 되었다.

그런데 오래 전에 잃어버린 줄 알았던 밀밭 한 뙈기가 물이 찰랑거리는 파란 묘판(苗板)을 건너 저 산기슭 모퉁이에서 오월 훈풍에 나부끼고 있다. 푸른 바람이 연둣빛 밀대를 빗겨주는 그 카페의 벽화가 바로 거기 누워있는 것이 아닌가. 종다리가 우짖는 밀밭 한가운데 서서 지금은 가고 없는 그가 이쪽을 보고 웃고 있었다.

깨어있어도 무의식 속을 배회하는 것처럼 멍하고 흐릿할 때가 많다. 잠이 든 것도 같고 안 든 것도 같은 상태에서 꿈을 꾸기도 한다. 그럴 때면 잠이 들기도 전에 꿈을 꾸고 있는 건지, 잠속에서 깨어나면서 꾸는 꿈인지 갈피를 잡을 수가 없다. 어이없는 건 그런 상태에서도 계속 꿈을 꾸는 것이다. 본래 잠이 많은 건 게으른 탓이거니 했는데 요즘 들어 병이 아닌가 할 정도로 하루 중 반 이상을 자고도 늘 잠에 취해있다.

〈뇌내혁명〉을 쓴 하루야마 시게오(春山茂雄)에 의하면 알파파(波)라는 최상의 상태를 유지할 수 있는 사람의 뇌파는 깨어있는 것도 자고 있는 것도 아닌 그 중간 정도의 상태에서 만들어진다고 한다. 그렇다면 나는 뇌파가 알파파를 유지하여 좋은 호르몬을 분출하는 최고의 환경에서 거의 종일을 지낼 수 있다는 얘기다. 그런 행복한 처지라면 무의식의 세계에 들어가서도 굉장한 착상을 떠올릴 수 있을 것이고, 별빛처럼 쏟아져 내리는 영감(靈感)에 묻힐지도 모를 일이다. 잠을 이루는 무의식 세계로 접어들 때마다 사람의 뇌파가 아무런 제재도 받지 않고 최상의 상태로 돌입할 수 있다면 나는 하루에도 다섯 번 이상을 황홀함 속에서 사는 것이 될 터이다.

그렇더라도 그처럼 오랜 시간을 수면에 빼앗긴다는 것은 얼마 남지 않은 시간을 사는 사람에겐 가혹한 일이다. 나는 이제야 겨우 글이라는 게 무엇인지 알 듯 말 듯하고, 잘만 하면 글쓰기의 묘리도 이제사 터득할 수 있을 것도 같은데…. 나른한 오후 아지랑이처럼 몽롱한 잠의 요정은 조금 전에 반짝하고 빛났던 내 창작의 명상 한 토막을 여지없이 차단해버리곤 깊은 수렁 속으로 나를 던져버렸다.

내 친구는 오래전부터 늘 "그 잠이 아무케도 무슨 일 내고 말끼다." 했었는데 요즘 일을 내긴 내고 있는 모양으로 증상이 심각하다. 의사도 고개만 갸웃할 뿐 별 신통한 처방도 없는 듯하다. 친구는 누렇게 뜬 내 얼굴을 들여다보며 "글쟁이라 카는 사람이 시도 때도 없이 잠에 곯아떨어져 있으니 참 딱하네. 잠 못 자다 죽은 귀신이라도 붙었는갑다."며 혀를 찬다. 그녀는 잠 안 오는 독한 커피라고 말레이시아산 '알리 카페'를 갖다 주었다. 나는 알리 카페를 두 잔 연거푸 마셨는데 글 두 줄 쓰고 볼펜 꼭지에 이마빡을 찧고

피가 배어 나온 이마에 반창고를 붙이자마자 깊은 골로 떨어지고 말았다.

그래도 잠을 자며 꿈을 꾸고 있는 시간이 꾸지 않는 시간보다 훨씬 많은 것은 다행한 일이다. 인생을 두 배로 풍요롭게 사는 폭이 될 테니까. 누군가는 말했다. 문학이 추구하는 세계가 궁극적으로 꿈속에 있을지도 모른다고.

모든 기억이 담겨있는 무의식의 광대무변한 세계에 비하면 의식할 수 있는 세계에서 도출한 사고의 내용은 깊이가 얕고 가벼울 수밖에 없다. 그것은 마치 무의식 세계가 바다라면 의식 세계는 고작 파도가 칠 때 튀어 오르는 포말에 불과하다고 프로이트도 말하지 않았던가. 날마다 무의식 세계의 무한 공간을 어지러이 유영하는 나는 언젠가는 대지 위에 쏟아져 내릴 유성우(流星雨) 같은 영묘함이 내게도 오리라고 믿어본다. 깨어있어도 무의식 속을 방황하는 멍한 상태가 오히려 둔재에겐 별빛 같은 깨달음을 얻게 하기 위한 준비인지도 알 수 없는 일이다. 무의식의 나라를 휘돌고 깨어날 때마다 둔탁한 내 마음이 영민해져서 모든 사물을 청명한 눈으로 볼 수 있기를 바라본다.

잠이 내게로 오는 것이 아니라 내가 잠이란 그 바닷속으로 빠져들어 간다. 나는 그 달콤한 몽환 속에 스며들어 무한대로 뻗어나가는 나의 창의와 상상력의 나래를 편다. 그러고 보면 잠은 내 삶의 여러 가락을 한데 모아 내가 완창할 수 있도록 맘 졸이며 장단 맞추어 주는 진정한 나의 고수(鼓手)다. 북과 북채는 없지만 나의 고수는 잠이라는 너울을 쓰고 내게 들어와 내 지친 소리에 힘을 불어넣어 신명 나는 명창이 되게 하려는 눈물겨운 나의 조력자이다.

다가오는 날들도 나는 여전히 의식과 무의식의 경계 선상에서 외로이 떠돌다가, 어느 날엔가는 잠 속에 영원한 둥지를 틀고 꿈 밖으로 다시 나오는 일이 없게 되겠지만 그 아름다운 꿈속은 또 얼마나 아늑하고 따뜻할 것인가.

내가 꾸는 꿈속엔 해일도 태풍도 없다. 잃어버린 것도 없다. 늙음도 아픔도 없다. 언제나 젊은 날의 사랑하는 사람과 내 아이들 속에서 즐겁다. 나는 지금 꿈을 꾸는 것으로 족하다. 내가 밥을 먹고 운동을 하는 것은 꿈을 꾸기 위한 힘의 비축이다.

오늘도 잠들기 전 사랑하는 사람들을 떠올리며 나는 아지랑이 같은 고혹적인 요정에 이끌리어 '알리 카페'도 사양하고 잠의 나라로 간다.

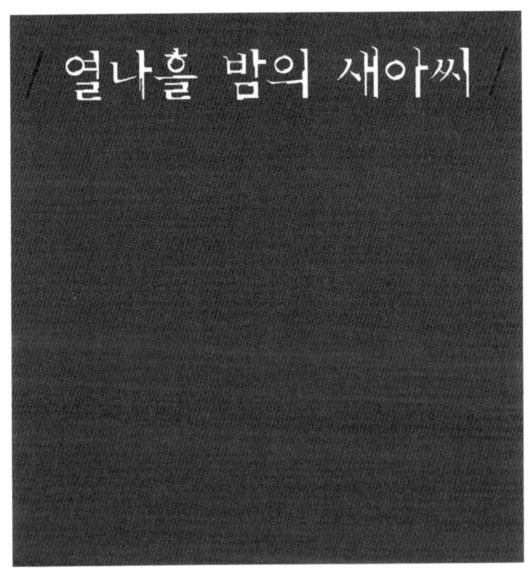

아직도 쌀쌀한 북녘이라 꽃망울을 터뜨리지 못해 애면글면하던 매화나무가 며칠간의 이상 고온으로 드디어 망울을 터뜨리고 말았다고 강 건너 사는 친구가 싱글거린다. 나는 아이처럼 들떠서 하던 일을 팽개치고 그의 등 뒤를 따라나섰다.

정원 초입부터 환장하게 흐드러진 매화 가지들이 왁자하니 몰려와서 나를 헹가래치며 떠메고 들어갔다. 갑작스러운 향내에 혼미해진 나는 코가 떨어지지 않았나 해서 자꾸 코를 만져보았다.

근심걱정은 천만 가지요　窮愁千萬端
아름다운 술은 삼백 잔이네　美酒三百杯

근심은 많고 술은 적지만　　愁多酒雖少
마신 뒤엔 근심이 사라지네　酒傾愁不來
- 이백의 〈月下獨酌〉 중에서

시성께는 외람된 일이지만 나는 '술'을 '꽃'으로 바꿔서 읊어보았다.

근심걱정은 천만 가지요/ 아름다운 꽃은 삼백 송이네.
근심은 많고 꽃은 적지만/ 꽃 보는 동안 근심이 사라지네.

지금 내가 매화 속에 파묻혀 있다는 사실이, 꽃바람 부는 동산에서 숨 쉬고 있다는 현실이 너무 벅차올라 아무도 없는 뜰에서 팔을 벌리고 두 바퀴나 맴을 돌았다.

동편에 뜬 달이 꽤나 높이 떠올라 창밖으로 내민 고개를 한참 젖혀야 달을 마주 볼 수 있다. 두레 밥상 같은 달이 만월인가 해서 손을 꼽아보니 열나흘 달이다.

"달 떴네!" 개 짖는 소리에 뜰에 나가 있던 주인의 상기된 목소리에 찻잔을 든 채로 후다닥 층계를 뛰어내렸다. 달빛에 문적문적 묻어나는 고혹적인 매화 향기, 저녁나절 바람결에 실려 오던 향기는 그리도 청청하고 은은하여 피로에 지친 눈을 감겨주었는데, 밤의 장막에 갇힌 이 농익은 꽃내음은 오감을 자극하여 짜릿한 쾌감을 불러일으킨다. 같은 꽃인데 낮 향기와 밤 향기가 다른 것을 이제 알겠다. 밤의 그것이 짙은 것은 달의 기운이 꽃에게 다가와 뜨겁게 품어주기 때문인 것을.

달빛 아래 저만치 두고 바라보면 아홉 새 무명필을 마당 중천에 이리저리 풀어놓은 듯하고 학의 무리가 날개를 펴고 방금 날아오를 것만 같다. 한참을 보고 있노라니 달이 매화 같고 매화가 달 같아서 종잡을 수가 없다.

코끝에 배어 있는 매향을 킁킁거려본다. 이나저나 매화나무 밑에 터 잡고 사는 복슬강아지는 얼마나 행복할까. 그렇지만 매일 바라봐야 하는 그것도 참 지겨운 노릇일까. 털이 눈을 가린 복슬이가 불쑥 '말씀 마슈.' 하며 내민 표정은 시큰둥하고 매화나무 너머로 먼 하늘만 바라보고 있었다.

매화를 품고 있던 달은 집으로 돌아가는 나를 연신 따라왔다. 꽃가지가 꺾여서 바람에라도 날아가는 줄 알았는지 부지런히 따라왔다. 스무 그루가 넘는 나무 밑 너럭바위에 오랜 시간 앉아 있었으니 밤눈 어두운 달이 나를 나무인 줄 착각할 만도 하다. '달님, 나는 매화나무가 아닌데요. 저녁나절 매원을 찾아갔던 강 건너 사는 사람이라오. 그대는 어서 매원으로 돌아가 꽃들을 품어주오. 열나흘 달 그대는 한 달 뒤라야 또 들를 터인데 그때는 이미 꽃은 땅에 떨어져 죽어 365일이 지난 후에야 다시 만날 것인즉, 아니 영영 만날 수 없을지도 모르지요. 단 열흘을 견딜 수 없는 꽃에겐 오늘 밤 같은 해후는 정녕 쉽지 않을 테니까요.'

그러고 보니 삶은 정말 허허롭고 덧없다. 꽃은 졌다가도 해마다 태어나니 한번 가고 못 오는 사람보다 나은 걸까. 꽃도 꿈, 인생도 꿈, 사랑도 꿈, 이별도 꿈, 모든 게 꿈이라고 노래 부르면서 사람들은 그 꿈을 살아간다. 강렬하게, 열렬하게, 가열차게.

바람은 저녁나절보다 조금 세어졌다. 오늘 밤 열나흘의 운기 절정인 달과 만개한 꽃이 절묘하게 만나 얼크러 설크러지는 것을 보았다. 신방에선 하분하분 분향이 밀려오고 달 품에 든 꽃잎이 마냥 떨고 있었다.

넉 달 전만 해도 캘리포니아에서 걸려오는 그녀의 전화는 낭창거리는 수필 서두처럼 여유롭게 울려왔었다. 그러던 것이 지난 초가을의 통신을 끝으로 소식이 끊겼다. 일주일에 한 번 목요일의 정오쯤이면 우리의 통화는 한 시간 가까이나 이어졌었다. 요금 비싸다고 빨리 끊자고 하면 싼 전화카드로 쓰는 것이니 걱정 말라는, 그래도 비행기 타고 가는 것보다 싸지 않느냐는 그녀의 너스레를 따라 마냥 늘어져서 수다를 떨었는데.

봄이라 해도 삼월은 아직 쌀쌀하니 포근한 오월이 좋겠다고, 한 달가량 체류 작정하고 귀국 시기까지도 예정해 놓았었다. 친구는 다리 관절의 연골 수술 받은 것 말고는 비교적 건강했는데 특히 여차하면 독설도 잘 퍼붓는 활기차고 통통한 목소리가 젊은이 같았다. 늘 호기롭게 "하아이! 잘 지냈지?" 하던 사람이 지난번 마지막 통화 땐 "차 한 잔 같이 할 사람이 없어." 하며 가라앉아 있었다. 무슨 일이 일어난 것일까 전화도 결번이고 편지도 되돌아왔다.

그녀는 독서광이었다. 고전에서 신간 베스트셀러까지 두루 섭렵하는 그 독서량이 어마어마했다. 특히 모든 문학 형태가 포함된 성서를 안 읽고 어찌 문학을 할 수 있느냐며 고단샤의 신구약 일본어 성경을 다섯 번도 넘게 읽느라 빨간 줄을 친 종이가 너덜너덜할 정도였다. 일본어 번역의 문어체가 훨씬 그윽하고 깊은 맛이 있다며 그 매력에 흠씬 빠져 있었다. 좋은 책을 읽고서 감명 받은 것을 별로 메모하는 기색도 없는데 이로 정연하게 얘기해주곤 했다. 그녀의 좌뇌에 저장되었을 기억력은 가히 천재적이었다. 언변도 좋아서 늘 막힘없는 화술에 감탄이 절로 나왔다. 대학의 국문학 교수쯤으로 풀렸다면 아마 명 강의로 인기를 모았을 것이다.

중학 동창이었던 그녀와는 한국전쟁 때 부산 피난지에서 다시 만나 이웃에서 오랫동안 곰삭고 결삭은 친구가 되었다. 20여 년 전 미국으로 이민 가서 자녀들 출가시키고 남편 떠나보내고 혼자 지내고 있었다. 미주 시문학회에서 등단해 시인이 된 그녀에게 시 좀 쓰라고 하면 시는 사람의 영혼이 환락과 비탄의 극에서 불타오를 때 그 불꽃을 바라보며 토하는 얘길 텐데 미적지근한 나 같은 건 아마도 시 한 편 못 써보고 죽을 거라고 했다.

집에서 가까운 강가로 나왔다. 한탄강으로 흘러드는 신천강의

물은 반쯤 얼어 있었다. 오랜만에 나온 강변은 너무 깨끗해져서 낯설다. 인근 펄프 공장에서 흘러나오는 폐수 때문에 악취 풍기는 검은 강이었는데 오물을 말끔히 걷어낸 강은 오랜 병고에서 풀려난 환자의 깔끔하고 핼쑥한 모습이다.

친구의 그림자와 함께 기슭을 걸으니 그의 목소리도 따라 걷는다. 다리 아픈데 천천히 걷자구. 그의 아픈 다리를 위해서 천천히 걷는다. 강바람이 쌀쌀하다. 그래도 그 동글동글한 목소리를 옆에 달고 걸으니 한결 따뜻하다.

외로운 시간도 귀한 시간이다. 우리에게 지루한 시간은 없다. 더구나 촉박하게 받아놓은 안거 기간이다. 커피 한잔 같이할 사람이 없는 그 막막한 한 때조차 얼마나 소중한가. 쇠락해진 날개를 둥지 안에 가둬 놓고 서로 지저귀기만 하던 숲새가 어느 날 바람처럼 지저귐을 멈춰버릴 것이다. 어느새 시간의 소중함과 허망함이 나란히 서 있다. 우린 우리에게 남은 일들에 대해 대체로 동감하면서 추운 강바람을 맞으며 목을 움츠렸다.

도대체 거기서 무슨 일이 생긴 걸까. 죽더라도 서로 알리지 말자고 아무리 약속을 했다지만….

어딘가에 살아 있을 거야. 아니 죽었을지도 몰라. 많이 아프지 않고 갑자기 죽었다면 그것도 복 받은 거겠지. 죽지 않았다면 그 넓은 천지에서 어디로 사라진 걸까. 입산이라도 한 걸까. 그랜드캐니언 계곡의 인디언에게라도 끌려갔을까. 심각한 상황에서도 장난기가 발동한다.

난데없이 지난날 친구의 명해몽법이 생각나 나는 간밤의 꿈 얘기를 몸 없는 목소리에게 들려주었다.

"복숭아꽃 살구꽃이 만발한 그야말로 고향의 봄 같은 들녘을 거니는 꿈이었어."

"아 그거! 자신의 신분이 상승하거나 이성 간의 사랑을 맺게 될 꿈이다. 흐흐"

능청스런 얼굴이 떠올랐다. 나는 또

"강물에서 은빛 물고기가 안개를 휘감고 나타나는 꿈을 꾼 것 같은데."

"그건 큰 인물이나 위대한 작품이 탄생하거나 세상에 감동을 줄 일이 생기는 꿈이다!"

여전히 명쾌한 해몽법이다. 정작 꾸어야 할 그녀의 생사의 꿈은 꾸지도 못했는데. 자신의 꿈을 꾸었다고 하면 뭐라 했을까.

"그거 내가 죽은 꿈이야. 야! 너는 현몽도 수준급이다." 했을까. 나는 친구의 죽음을 더는 확인하지 않기로 마음먹는다. 앞을 가로막는 이별이라는 벽 앞에서 당장을 모면하려는 비겁하고 발칙한 도망자의 내 모습을 본다. 더는 이별의 고통만은 모르고 싶다. 우리의 목요 통신은 아직은 유효기간일 것이라고, 잠깐 무슨 사정이 있는 것이라고 믿어본다.

우린 오랫동안 지구의 반대편에 헤어져 살면서 마음의 상처를 싸매는 서로의 붕대였을지도 모른다. 상처에서 흐르는 피를 멈추게 하는 지혈대 노릇을 했을지도 모른다. 외롭고 허망할 때 지구의 몸통을 뚫고 들려오는 위로의 목소리였을지 모르겠다. 강 건너에서 또 다른 바람이 불어와 우리의 걸음을 따뜻이 감싸더니 보이지 않던 풀꽃들이 물결 위에 피어나고 들리지 않던 새소리가 아련히 젖어온다.

봄은 아직 멀리 있는데.

반쯤 풀린 강물 위로 길몽을 풀이한 친구의 흔쾌한 목소리가 내 옆구리에서 굴러 나와 동박새 등을 타고 펄프 공장의 지붕을 지나 멀리 날아갔다.

아들 삼 형제는 헤어질 때 인사를 각별하게 한다. 마지막 인사처럼 엄숙하고 애틋하게 포옹을 하고 등을 토닥이거나 볼을 대거나 손을 잡고 있는 시간이 길다. 그럴 때 코끝으로 스며드는 향기는 각기 다르다. 반쯤 눈에 묻힌 싸한 억새풀 냄새 같은 건 큰 아이 것이고, 갓 프린트한 종이 냄새 같은 건 둘째이고, 셋째에게선 가끔 아카시향 비누 냄새가 옷깃에서 난다. 그렇다고 셋째가 유독 깔끔해서도 아니고 둘째도 첫째도 어릴 때 모두 씻는 것을 싫어해서 늘 잔소리를 했다. 그런데 공부하라는 잔소리는 거의 하지 않았다. 신기하게도 아이들은 제 할 일에 스스로 몰두했었다.

아버지는 밤늦도록 환한 아이들 방을 들여다보며 "그만 해라.

몸 상할라"를 매일 밤 반복했다. 설사 그들이 공부를 게을리했어도 그는 아마 같은 말을 했을 것이다. 아버지는 아이들과 동격이 되어 뛰고 놀았다. 나는 그런 그들을 바라보는 것이 좋았다.

약한 체질로 태어난 첫째는 어릴 때 병치레를 자주 한 것 외엔 성가시게 한 일이 별로 없고 소극적이긴 해도 착하고 여리고 그러면서 때론 결단성도 있었다. 적성에 맞지 않는다고 공과 대학에서 원하는 상과 대학으로 의논도 없이 혼자 옮겼을 정도니까.

애살이 많은 둘째는 공부든 뜀박질이든 일등을 해야 직성이 풀렸다. 하고 싶은 게 많아 이과 문과가 다 적성에 맞아서 선택하는데 고민을 했다. 열 살 때 강아지 집을 제대로 지어서 감탄하게 만들었고 집안의 사소한 전기 고장은 물론 이웃에서 초인종이 고장나면 불려다닐 정도여서 제 공구 가방이 따로 있었다. 꼬마의 공구통엔 없는 게 없었다.

막내는 형들이 공부에 열중하는 것에 비해서 낙관적이었다. 늘 느긋한 표정으로 식성도 좋고 키가 커서 패션 감각이 뛰어나 옷맵시가 있었다. 서울에서 대학 다니다 방학을 해 부산 집에 내려오면서 여자 친구를 데리고 왔다. 차 안에서 우연히 만난 같은 과의 친군데 부산 고모 집에 간다고 해서 동행을 했고 고모 집엘 찾아갔더니 부재중이어서 여관에 보낼 수도 없어 할 수 없이 데려왔노라 는 사연이었다. 나는 막내에게 방문을 꼭 잠그고 자라는 당부를 두 번이나 했다. 아들은 "그런 친구 아입니다." 하며 웃었고, 아버지는 "그 당부는 아가씨에게도 해야재." 우린 한참이나 웃었다.

요즘 들어 아이들이 작별하고 돌아간 뒤 많은 것을 생각한다.

부모가 육체의 생명을 준 사람이라면 정신의 생명을 준 사람, 혹은 꿈의 생명을 불어넣어 준 사람, 바로 그 사람이 스승일터인데 나는 아이들에게 스승이 되지도, 진정한 친구가 되지도 못했다. 어찌 보면 그저 아이를 낳아서 기르고 뒷바라지한 일은 오직 나의 기쁨을 위한 것이었을 뿐 어미의 본능에 충실한 너무 쉬운 일이었는지 모른다.

아이들로부터 '그를 만나지 못했으면 새로운 세계를 보지 못했을 것'이라고, '진정한 사랑이 뭔지 깨닫지 못했을 것'이라고 고백받을 수 있는 그 사람이었을까, 나는.

이들과 나는 어디쯤에서부터 어떻게 만나게 되었을까. 우주와 교감하게 되는 특정한 공간이 있어서 우린 운명적으로 만나게 되었을까. 파울루 코엘류의 말처럼 우린 무한한 우주 속을 통과하는 기차 여행을 하는 중이며 인간이 살아가는 여러 개의 삶이 긴 기차를 이루는, 모양이 다른 각 객차들인가. 우린 연결된 다른 차 칸에서 창밖으로 몸을 내밀고 서로의 안부를 묻고 웃으며, 사랑한다고 소리 지르며, 속으로 울며 어디로 가고 있는 보헤미안들인가.

우리에게 아직 마지막 작별은 오지 않고 그 머뭇거림이 영원할 것처럼 작별의 동작만을 되풀이할 뿐이다. 잠시라도 헤어지는 마음은 허무하다.

세상에서 헤어질 때의 마음처럼 애잔하고 관대하고 순수하고 완전한 사랑이 또 있을까. 찰나지만 작별은 완성의 세계의 관문을 바라보는 눈부신 순간이다. 인간에게만 부여된 작별이란 행위는 인간이 받을 수 있는 최상의 축복이리. 헤어지는 허무함도 축복이다.

어젠 둘째와 마지막처럼 포옹을 했고 등을 토닥이고 손을 잡고 오래 있었다. 갓 프린트한 하얀 종이 향기가 그의 코트 깃에서 은은했다.

순대

나는 부엌과 안방 사잇문 문지방에 팔꿈치를 얹고 부엌을 내려다보는 것을 좋아했다. 부엌은 깊고 넓었다. 왼쪽 구석에 나뭇간이 있고 마주 보이는 벽면 모두가 붙박이 찬장이었다. 찬장 밑에 달린 긴 쪽마루가 엄마의 조리대였다. 사잇문에 앉아있으면 음식을 만드는 엄마의 뒷모습을 볼 수 있어 좋았다.

엄마는 순대 속을 장만하는 중이었다. 조리대에서 두들기는 리드미컬한 도마질이 끝나면 큰 자배기에, 불린 찹쌀과 곱게 다진 채소와 선지와 갖은 양념을 넣고 휘휘 젓는다. 엄마의 얼굴은 음식을 만들 때 반짝반짝 빛나 보였다. 나는 여전히 사잇문 문지방에 한 손을 얹어놓은 채 이리저리 움직이는 엄마를 지켜보고 있었다. 저고리 소매 끝을 접어 올리고 스란스란 행주치마 스치는 소리를 내며 분주한 엄마는 행복해 보였다.

속 재료가 담긴 자배기와 손질한 순대 피(皮)를 부엌 바닥에 내려놓고 짚방석을 깔고 엄마가 좌정을 하면 나는 문지방을 넘어 후닥닥 부엌 바닥으로 내려가 쪼그리고 엄마 겨드랑 밑으로 고개를 들이밀었다.

순대 속은 양념을 이것저것 너무 여러 가지 넣어도 안 좋고 저어 보아서 되지도 묽지도 않은 농도라야 하며, 야채는 잘게 다져야 하고, 소금간은 단번에 맞춰야 한다. 내용물은 창자의 6부 내지 7부가 넘지 않게 채워야 삶은 뒤에 알맞은 부드러운 순대가 되며, 속을 너무 많이 채우면 딱딱하고 너무 적게 넣으면 익은 뒤 물렁해서 재미없다고 엄마는 말했다.

순대 피의 한쪽은 무명실로 챙챙 동여매고 반대쪽엔 깔때기를 꽂아 새어나오지 않도록 표주박으로 속을 퍼 넣는다. 이때, 순대 피를 흔들어서 골고루 속을 채우는 역할은 신고산 댁의 몫이다. 어떤 것은 키 작은 그녀보다 길어, 엄마는 일어서서 흔들라고 재촉을 한다. "일어섰는데유." 갓 푸새한 무명 치마를 입은 탓에 일어섰는데도 일어서라고 하니 신고산 댁은 난감하다.

큰 가마솥에 서리서리 순대를 가득 안치고 아궁이에 삭정이를 때다가 장작을 지폈다. 내일이 아버지 생신이라 엄마는 눈이 나올 지경이다. 엄마와 신고산 댁이 잠시 자리를 비운 사이 나는 활활 타오르는 장작불에 빨갛게 달은 얼굴로 슬며시 일어났다. 커다란 가마솥의 H자 손잡이가 달린 나무뚜껑을 살며시 밀어보았다.

꿈적도 않는다. 부뚜막에 올라가서 힘껏 밀어보았다. 뚜껑이 밀리면서 확 김이 뿜어 나왔다. 엉겁결에 부엌 바닥으로 떨어졌다. 나는 일어서며 나뭇간에서 뾰족한 나무꼬챙이를 주워들고 가마솥으로 다가갔다. 열린 솥 안에선 순대를 안친 물이 설설 끓고 있었다. 꼬챙이로 순대를 찔러 보았다. 순간 요란한 소리와 함께 응고되지 않은 순대 속이 분수처럼 천장을 향하여 치솟아 올랐다. 나는 겁이 나서 신작로 쪽으로 난 부엌문을 박차고 뛰기 시작하였다. 초등학교 1학년 운동회에서 1등 한 뜀박질 실력을 발휘하고 있었다.

있는 힘을 다해 뛰었다. 동구 밖을 벗어나 서낭당 마루터기까지 달려와서야 뒤를 돌아보았다. 따라오던 엄마의 모습이 보이지 않고 대신 잿골로 넘어가는 어귀에서 휘파람새가 꼭 휘파람처럼 신 나게 불어댔다. "달려라 달려라!" 나를 응원하고 있었다. 살았다! 그제야 긴장이 풀리며 아침나절의 일들이 떠올랐다. 뒤뜰에서 돼지를 잡고 있었다. 처절한 단말마의 소리를 안 들으려고 방에서 솜이불을 뒤집어쓰고 있었다. 그리고 순대 만드는 작업을 지켜보느라 꼬박 굶은 게 생각났다.

배가 몹시 고팠다. 길가 수풀에서 달착지근한 찔꼬리와 새콤한 산 시금치를 뜯어서 입속에 마구 쟁여 넣으며 '잡히기만 하면 중벌을 면치 못할 텐데….' 살았다고 산 게 아니었다.

종일토록 봄볕을 쪼아 먹은 휘파람새는 배가 탱탱해서 찔레 덩굴을 들락거리며 또 신명 나게 휘파람을 불고 있었다.

이나저나 순대를 망쳤으니 어떡하나. 지금쯤 홀쭉해진 순대가 가마솥 늪 속에서 헤엄을 치다 널브러져 있을 것이다. 맛있는 순대를 만들어 엄마의 그 솜씨를 뽐내야 했는데. 다 풀어진 순대 죽을 들여다보며 얼마나 속상해할까. 엄마가 가엾어서 눈물이 찔끔 났다. 어쩌자고 그 짓을 했는지. 미욱하고 침착하지 못한 천방지축인 내가 한심스럽다. 정성을 다한 엄마의 요리를 망쳐놓은 나는 사람도 아니다. 자식이 원수라며 숨이 차서 뛰다 말고 터덜터덜 돌아갔을 것이다.

열이 가해진 밀폐된 순대 속의 내용물이 응고되기 전에는 어떤 상태인지, 응고된 뒤에는 어떻게 변하는지 실험이라도 해보려는 뭐 그런 똑똑한 아이도 아니었다 나는. 그저 멍청한 순간적인 호기심이 엄마를 아프게 한 것을 생각하면 손을 찧고 싶었다.

엄마의 등 뒤 하늘 끝에서 보리수 열매 같은 노을이 불꽃처럼 터지는데 나는 서러워서 자꾸 엄마에게 파고들었다. "배고프지? 어서 가자. 순대 반타작은 했단다." 엄마가 조금 웃었다. 땅거미지면 어김없이 울어쌓는 쏙독새가 바짝 뒤를 따라왔다. 기운 봄날의 저녁 바람이 내가 코를 묻은 엄마의 행주치마 자락을 하드락하드락 나부껴 주었다.

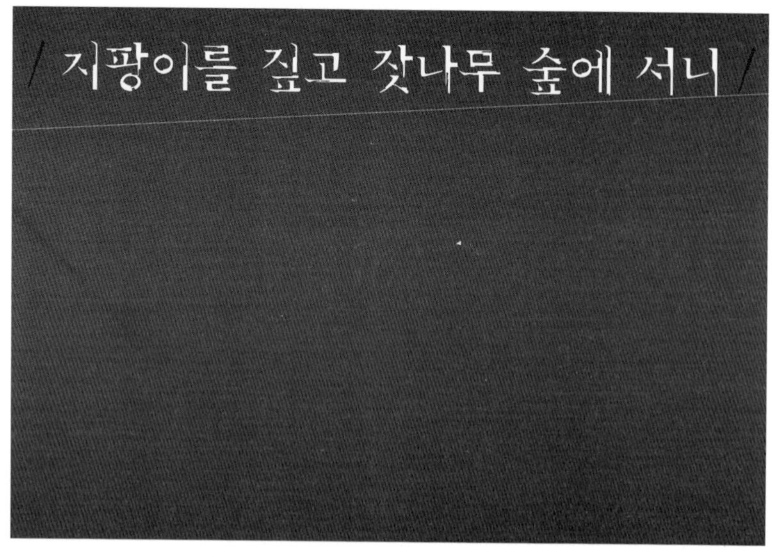

지팡이를 짚고 잣나무 숲에 서니

냇물을 끼고 걷다가 징검돌을 건너서 산자락까지 왔다. 따가운 햇볕 속을 누빈 탓에 눈이 부시고 현기증이 인다. 삭정이 가지를 주워서 마른 잎새들을 훑어 내고 지팡이를 만들어 짚는다. 그게 몸의 균형을 잡아주니 한결 수월하다.

발치에 잣나무가 빼곡히 들어선 숲은 나만의 아지트다. 같은 산책 코스에 진력이 나면 가끔 시오리쯤 떨어진 여기 잣나무 둥치에 앉았다 가곤 한다. 내려다보면 허름한 집 몇 채와 수수밭과 배추밭이 한가롭다. 소슬한 서풍이 다가와 나뭇잎새를 서걱이는 소리 사이로 철 저문 매미의 가늘고 처량한 울음소리가 지척에서 들리고, 병풍처럼 에워싼 산자락들이 어느새 갈 빛이다.

볼그름히 패이기 시작한 수수 이삭에 빨강, 파랑, 노랑의 망사 모자를 씌워 놓은 것은 아마 뽀얗고 달큰한 수수 알의 속살을 새들이 쪼아 먹을 수 없도록 농부가 꾀를 낸 모양이다. 수수 이삭에 바람이 와 닿을 때마다 모자의 끈이 나풀거린다. 새로운 패션의 등장으로 눈이 휘둥그레진 참새들이 모자 쓴 수수 이삭에 도전해 보지만 촘촘한 망사를 뚫을 수는 없다.

"모자 쓰기 전에 한탕 하는 건데!" 밭두렁에 나앉은 참새는 입맛을 다시며 바라볼 수밖에 없다. 나는 수수 이삭이 삐딱하게 둘러쓴 모자를 보고 웃다가 봄에 감자 씨 놓을 때부터 말썽을 부리던 박새들이 지금쯤 거나하게 판을 벌이고 있을 내 고향 가을 수수밭이 생각난다. 밭이랑 너머 암청색으로 아득하게 보이는 산봉우리 뒤에 무명필처럼 희미하게 드리운 그림자가 혹 옛집으로 가는 길일까.

풀밭에서 메뚜기 잡는 아이들의 까르르 넘어가는 웃음소리가 들린다. "많이 잡았니?" "아니요." 한 아이가 메뚜기 서너 마리가 든 페트병을 들어 흔들어 보인다. 나는 문득 하지장(賀知章)의 시를 떠올렸다.

〈고향에 돌아와〉

어려서 집을 떠나 늙어서 돌아오니
고향은 변한 게 없는데 수염만 희어졌네
아이들이 몰려와 누군지 모르는 채
킬킬거리며 어디서 왔느냐 묻네

- 하지장의 〈회향우서(回鄕偶書)〉

당나라의 시인 하지장(659~744)이 긴긴 벼슬살이를 끝내고 늙은 몸으로 고향에 돌아가니 동구 밖 낯모르는 아이놈들이 킬킬거리며 어디서 온 할아범이냐고 놀리더라는 〈회향우서〉의 이 대목에서 나는 번쩍 정신이 들었다.

그래 나도 지금 고향에 간다면 낯선 아이들이 몰려와 웃어댈 거야. 내가 그들이 낯설듯이 그들에겐 낯도 코도 모르는 떠돌이가 궁금하겠지.

누군가는 옛 고향에 갔는데도 마을에 들어서지 못하고 낯선 들녘을 종일 서성이다 그냥 돌아왔다고 하지 않던가. 그가 생각하는 고향은 무엇이었기에 하룻밤도 유하지 않고 돌아섰을까. 추억을 나눌 수 있는 사람이 있어 그게 고향이지 달리 고향인가. 목소리만 들어도 코허리가 시큰한 정겨운 얼굴이 없는데 그게 어디 고향이란 말인가. 내가 어릴 때 사랑했던 사람들이 아직도 살고 있으리라는 헛된 망상을 버리지 못한 어리석음이 우습다.

하지장은 성품이 광달하고 호쾌하여 버릇없는 아이놈들이 자신을 에워싸고 어디서 무엇 하러 왔느냐며 놀리는 것을 멋진 해학으로 마무리했지만 나는 아마도 "여기는 본시 내 고향인데 너희 놈들이야말로 어디서 왔느냐"고 용렬하게 힐난을 했으리라. 아는 얼굴이 없는 땅이 나는 서럽다. 아무도 모르는 체하며 스쳐 지나가는 사람들이 두렵다. 난 이미 고향을 잃었어.

그렇지만 그 산야가 그대로 남아있으리라는, 그리운 얼굴들이 아직 살아 있으리라는 망상을 나는 끝내 버리지 못할 것이다. 망상이면 어떤가. 아이놈들이 킬킬거리며 떠돌이 광인 취급을 해도 무방하다. 산야가 변했으면 대순가 나의 뼈를 얻은 그 땅의 흙과 바람과 햇볕은 그대로일 것이다. 계곡에서 불던 산 내리 바람은 아직도 시원하고 달콤할 것이다. 자고 나면 만나던 그때의 짓궂은 오목눈이와 굴뚝새는 아니지만 그들의 자손도 그대로 살고 있을 것이고 바위 틈새에서 물고기를 잡아 올리던 물총새도 변함없이 무고하게 지낼 것이다. 그리고 보니 그 아이놈들도 그 땅의 아들들이었네.

하지장이라고 그걸 몰랐을까. 여든여섯의 그도 고향에 사람 만나러 간 게 아닐 것이다. 바람을 만나려고, 흙을 만지고 그 땅의 햇볕을 쬐려고 갔을 것이다. 어디 사람에 대해서만 추억이 있다던가. 사람이 없다고 고향이 아닌가. 한번 고향은 영원한 고향인걸. 이제 하지장이 노쇠한 몸으로 회향한 이유를 알 것 같다.

고향 땅을 떠올리면 내가 어릴 때 돌아가신 젊은 어머니 모습과 내 작은 영혼을 따뜻이 감싸 주었던 그리운 사람들의 얼굴이 모두 있다. 그런데 어쩐 일로 내 남편마저 행복한 보습으로 그곳에 살고 있을까. 그러면 거긴 내 고향이 아니라 죽어서 돌아가야 할 본향이 아닌가. 어쩌면 그곳은 죽어서야만 돌아갈 수 있는 곳인지도 모르겠다.

모과같이 서서히 익어가는 대지가 하도 눈이 부셔 하늘을 쳐다보았다. 돛단배 닮은 구름 하나가 서쪽으로 노 저어간다. 망망한 창해를 잘도 저어간다. 저 돛단배를 타면 고향에 갈 수 있을까. 아니 본향에 도달할 수 있을까. 그렇지만 지금은 그에게 돌아가고 싶은 마음을 조금만 유예하고 싶다.

나는 모과빛 들녘에 쏟아지는 낭자한 햇살과 수수밭의 달콤한 바람과 잣나무 향기가 너무 소중해 저 돛단배 구름을 오늘은 그저 고이 보내드리고 싶다.

그녀는 95세의 현역 작가인데 귀가 들리지 않는다. 80세가 넘으면서 보청기의 효능조차 기대할 수 없게 되자 얼마 전부터는 그것도 아예 빼버렸다. 처음엔 말할 수 없이 답답했지만 주변 사람들이 "예부터 귀가 먹은 사람은 오래 산다는 말이 있어요. 선생님은 장수하는 혈통인 것 같아요."라고 위로하면 그녀는 "그래요. 나는 100세까지 아니 125세까지 살지도 몰라요." 하며 희색이 만면하곤 했다.

글 쓰는 일엔 귀가 들리지 않는 일이 그다지 결정적인 장애는 아니라고 이 나이의 몸에 한두 가지 장애쯤 오히려 마땅하지 않으냐고 그러니 괘념할 일이 아니라고 그렇게 자신을 위로하다 보면 어느새 들리지 않는 일이 본래부터 그랬던 것처럼 심상(尋常)한 일상이 되어버린다고 했다.

그런데 최근 그녀는 청각을 잃은 덕으로 아주 흥미로운 일을 발견하게 되었다. 어느 날 그녀에게 절친한 친구가 찾아왔다. 영상(映像) 사업을 하느라 세계 곳곳을 돌아다니는 손자뻘 친구다. 그녀는 그를 만나면 그냥 편안하고 즐거워지는데 며칠 전 아프리카에서 돌아왔노라고 인사를 왔다.

"코끼리와 살고 있는 여성을 만났는데요. 그 여자는 코끼리의 말을 다 알아듣는데요. 지금 코끼리의 상태가 어떤지 모두 안대요."

"어떻게 코끼리의 말을!"

그녀는 대꾸하며 스스로 놀랐다. 평소엔 필담을 주고받았었는데 그날은 그냥 그가 말을 시작하자마자 그녀에게 소리가 들렸던 것이다. 아련히 울려오는 그의 부드러운 목소리가 마치 노랫가락처럼 들려왔다. 당연히 그와의 대화가 원활히 이루어졌다. 깊은 안도와 기쁨이 온몸으로 번져나갔다.

"아니, 선생님. 저분의 목소리가 다 들립니까? 틀림없이 두 사람은 음의 파장이 서로 맞는 게 아닐까요." 곁에서 두 사람의 대화를 듣고 있던 사람들이 깜짝 놀라서 말했다. 그제야 그녀는 자신이 새삼 아주 자연스럽게 말을 하고 있음을 알았다.

난 그 얘기를 듣고 기공(氣功)을 공부하고 있는 사람에게 말했더니 그는 웃으면서 이렇게 수수께끼를 풀어주었다. "기(氣)가 서로 잘 맞기 때문이지요. 기가 맞으면 마음이 열려서 한껏 서로를 받아들이게 됩니다. 당연히 목소리도 한껏 열어젖히고 받아들이는 게지요. 어떠한 장애물도 통과하지요. 그분이 그 남자 분을 좋아하셨나 봅니다. 좋은 기는 좋은 기를 부르지요."

이 말을 노작가에게 전하자 그녀는 소녀처럼 티 없이 웃었다. 그녀의 가슴에 언뜻 남풍이 불어와 세월의 아픈 여울목을 어루만져 주었을 것이다.

기가 잘 맞는 사람이라! 어디에 가면 그런 사람을 만날 수 있을까. 오래 소식이 없으면 그의 안위가 걱정되고, 곁에 있으면 긴 얘기를 하고 싶은 사람, 내가 절망하고 돌아앉았을 때 "그래도 너의 모습이 다른 이에게 위안이 되고 있다."고 말해 주고, "네가 세상에 살아있어 나에게 힘이 된다."고 위로하는 그런 사람이겠지. 연령의 차이 같은 것, 살아온 환경의 다름도 모두 초월하는 이 가늠할 수 없는 신비의 정체는 무엇일까.

춘추전국시대 백아(伯牙)는 자신의 거문고 연주에 깊이 심취했던 친구 종자기(鐘子期)가 죽자 내 음악을 더는 이해해 줄 사람이 세상엔 없다고 한탄하며 거문고 줄을 끊어버리고 다시는 그것을 타지 않았다고 한다. 그 절대적인 믿음은 어디서 오는 걸까.

남풍이 불어오는 창밖에 박새 한 마리가 어른거려 보리와 좁쌀 등 새 모이를 창문 밑에 놓아 주었다. 그러자 녀석은 이른 아침마다 어김없이 날아와서 단잠을 깨우고 먹이를 재촉했다. 촐싹거리는 성미의 박새라, 뒤집어엎지 않도록 가볍지 않은 사기 종지에 노란 기장 좁쌀을 조금 놓아주었다. 화창한 날엔 동료를 서넛씩 달고 와서 "느그덜 좁쌀이라 카는 거 못 묵어 봤제. 오늘 내가 쏜다. 실컷 묵어라." 생색은 제가 다 낸다. 그릇이 비면 어서 더 내놓으라고 보채는 박새와 녀석들에게 모이를 부어주는 나는 기가 잘 맞는다.

미물에게 모이를 주는 것으로도 이렇듯 즐거운데 종자기는 백아의 연주를 들으면서 얼마나 행복했으며 백아는 자신의 연주에 깊이 빠져 환희에 취해있는 종자기를 보면서 얼마나 기뻤을까. 오늘은 너희의 울음으로 멋있게 연주해 보렴. 내가 너의 종자기가 되어줄게.

나도 내일은 내 서툰 거문고 소리를 백아의 연주처럼 들어 줄 나의 종자기를 찾아서 남풍이 불어오는 햇빛 속을 무작정 누빌 것이다. 내 친구여! 형편없는 내 거문고 소리가 꿈속에서라도 들리거든 응원의 갈채를 실은 신호탄이라도 쏘아 보내주겠나.

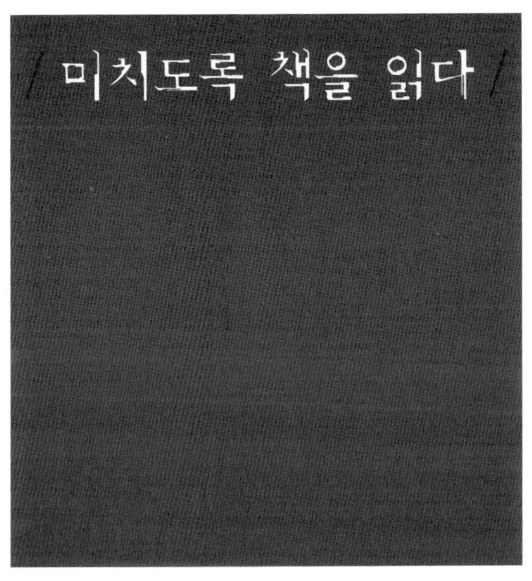

여름이 가거나 가을이 오거나 해가 나거나 비가 오거나 구름이 뜨거나 안개가 끼거나 번개가 치거나 태풍이 일기나 개의치 않고 오직 글을 읽는다. 글을 읽지 않으면 당장 포승줄에라도 묶여갈 것 같아 허둥지둥 책을 읽는다.

세계적인 바이올리니스트를 꿈꾸는 열 살짜리 손자 녀석이 온 삭신이 쑤신다고 투덜대면서도 밥숟갈을 놓기가 무섭게 바이올린을 집어 드는 것처럼 나는 입력한 명령을 수행하는 성실한 로봇이 되어 시도 때도 없이 책을 집어 든다.

마당가에 쌓아 놓은 장작개비같이 빼곡히 포개어진 책들에서 알곡의 전언을 머릿속에 옮겨 넣어야 하는데 용량 초과는 고사하고 바위를 겨냥한 화살촉처럼 모두 퉁겨져 흩어진다.

〈백이전(佰夷傳)〉을 1억 1만 3천 번을 읽었다는 독서광 김득신(金得臣 1604~1684)은 그 멍청한 짓을 반복하는 동안 열린 창문으로 한 무리의 새떼가 방안에 휘익 날아 들어와 잠자던 그의 시상을 화들짝 깨어나게 한 것일지도 모를 일이다.

어느 날엔가 내게도 그런 날이 올지 몰라 책만 읽는 멍청한 간서치(看書癡)가 되어 종일을 허비한다. 그저 습관적으로 글자만 더듬으면서도 어느 필자가 묘사한 기막힌 풍자를, 그의 탁월한 백묘(白描)를 포착할 수 있을까, 인간미를 파헤친 그 능숙한 필치에 감복도 하면서 영험한 감성이 내게서도 눈꽃처럼 눈부시게 피어날 날이 있을지도 모른다는 상상을 펼쳐본다.

고향에 '호반이'라는 청년이 살고 있었다. 형제들이 많았는데 어릴 적 병으로 모두 죽고 호반이 혼자 남았다. 그의 부모는 이 아이만은 꼭 지키려고 가난한 중에도 몸에 좋다는 약은 다 먹였다. 좋은 약을 너무 많이 먹인 탓인지 그의 지능에 이상이 생겨 멍청한 아이가 돼버렸다. 학교 공부도 할 수 없었고 그의 머릿속엔 늘 짙은 안개가 끼어있어 아무것도 식별할 수가 없었다. 장터에서 국수 장사를 하는 부모를 도와 호반이는 소년이 되면서 나무 지게를 지기 시작하여 오직 나무만 할 줄 아는 나무꾼이 되었다.

그런데 숲 속에만 들어서면 호반이 안에 가득 메우고 있던 안개가 조금씩 걷히는 것 같았다. 삭정이와 떡갈나무 가지를 모아 나무를 한 짐 해서 부려 놓고 전나무 둥치에 앉아 한숨 돌리노라면 어느새 청설모와 토끼와 딱새까지도 기웃거리며 호반이 발치로 모여들었다. 너무 사랑스러워 호주머니에서 콩이며 뻥뚱을 꺼내 돌짝 위에 얹어 놓으면 그들은 기다렸다는 듯이 먹어치웠다. 숲 속의 한나절을 이들과 단란히 지내다가 나뭇짐을 지고 고통의 사바세계로 내려가는 것은 이들과 다시 만나기 위한 내일의 에너지 비축을 위한 것이었다.

그는 자신만이 알고 있는 비밀스러운 책을 읽으려고 남몰래 숲 속으로 들어가곤 했다. 그 숲 속은 가장 순결하고 지순한 사람만이 읽을 수 있는 책의 세상이었다. 호반이는 자신을 결박했던 온갖 장애물을 벗어버리고 낙원에 든 것처럼 평화로웠다. 나에게도 호반이의 숲길 같은 길이 열리기를 바라지만. 여전히 오리무중에 든 것처럼 무명 속을 헤매기만 한다.

난 세상의 책을 다 읽을 것처럼 곳곳에 쌓아놓고 폼을 재지만 읽다가 싫증나면 예사로 토막을 내고 중간쯤에서부터 읽는다. 그것도 따분하면 종결 부분만 읽고 마치 독파한 양 덮어버리기도 한다.

그래도 책은 늘 나를 유혹한다. 그리고 기다려준다. 흙에 묻힌 광석이 아득한 갱도에서 광맥을 찾아 헤매는 광부를 기다리듯 나를 원하고, 포개어져 숨 막힐 것 같은 행간마다 밝게 비춰 주기를 고대한다. 책은 제 안에서 무엇을 캐어내 주기를, 어떤 비밀한 것도 모두 드러내어 주기를 소원한다.

나는 책 사태에 매몰될 위기에서도 끊임없이 좋은 글을 선택해야 되고 읽어 내야 할 것들은 날마다 산처럼 쌓여가고 체력과 인내력은 한계를 보이기도 한다. 그렇지만 그럼에도 불구하고 내가 책을 읽는 이유는 어디쯤엔가 나에게만 말하려는 은밀한 무엇인가가 적혀있을 것만 같아서, 읽지 않으면 무언가 전달받을 기회를 놓쳐버릴 것 같아서, 내가 마지막에 받을 계시 같은 것이 꼭 있을 것 같아서, 어떤 이의 책을 빌려 고백할 내 사랑의 전언이 새겨져 있을 것만 같아서. 내가 수행해야 할 마지막 은유 같은 것이 기록되어 있을 것만 같아서다.

적어도 내가 미처 다 끄집어낼 수 없는 그 어떤 것이 거기 들어 있는 것이다.

그것은 읽지 않으면 안 되는 내 자유의 마지막 게시판 같은 것이다.

올챙이 묵

집 근처의 난전에서 풋강냉이 한 무더기를 샀다. 옥수수는 알맞게 여물어서 올챙이묵을 쑤기에 안성맞춤이다. 묵의 재료는 너무 딱딱하게 여물거나 너무 덜 익어 물탱이면 적당치 않다. 푸른 옷을 벗기니 노란 진주알들이 눈부시다. 그렇게 많은 비가 퍼부었는데도 옥수수는 잘도 자랐다. 나는 어린 날 기억 속의 레시피를 펼쳐 들었다.

어머니의 올챙이묵은 밭에 나가 옥수수를 따는 것에서부터 시작되었다. 대 하나에 두 개, 세 개 달린 이삭 중에서 푸른 기가 없고 수염이 반쯤 마른 것은 제치고 쪄 먹는 옥수수보다는 조금 더 풋것을 골라야 한다. 껍질을 벗긴 강냉이는 옹배기 안에서 칼로

연필 깎듯 깎아내려 맷돌에 갈고 체에 받쳐 묵을 쑤는데 다음은 올챙이 모양을 어떻게 만들어 내느냐가 문제다. 크고 둥글게 잘 자란 박을 타서 속을 파내어 엎어놓고 송곳으로 구멍을 뚫는데 올챙이가 잘 나갈 수 있도록 같은 크기와 촘촘한 간격으로 뚫는다.

잘 쑤어서 한 김 나간 묵을 올챙이 바가지에 부어 손잡이가 있는 둥글넓적한 나무판으로 눌러서 찬물 가득한 넓은 자배기에 올챙이들을 내보낸다. 이때 눌렀다 떼기를 반복하며 일정한 간격으로 리듬을 타야 하는데 이 팔운동에 통통하고 예쁜 올챙이가 나오느냐 아니냐의 관건이 달려 있다.

물에 떨어진 올챙이들은 환호를 지르며 헤엄을 친다. 어머니가 탄생시킨 올챙이들은 모두 크기가 같아 찌그러진 놈도 없고 인물이 곱고 반듯하다. 나는 그 나무판을 누르고 싶어 견딜 수가 없었다. 하도 칭얼대니 한 번만 누르라고 허락을 받았다. 겨우 내가 탄생시킨 것들은 모두 일그러지고 생기다만 올챙이들이었다. 워낙 대식구가 먹는 음식이라 올챙이는 바가지란 자궁에서 끝도 없이 쏟아져 내렸다. 하루 종일 올챙이가 내려올 것만 같았다.

사흘 굶은 목구멍에 올챙이묵 넘어가듯 한다더니 장정들은 입속의 이빨들을 모두 열중쉬어 시켜놓고 서너 그릇씩 넘기고 나서야 배를 쓸었다.

나는 어머니의 레시피 대로 옥수수 씨알을 연필 깎듯 깎아서 맷돌이 없으니 믹서에 갈았다. 껍질을 걸러내고 농도를 맞춰 묵을 쑤었다. 가물가물한 어머니 영상을 따라 움직여보지만 꿈을 꾸는 것처럼 선명하지가 않다. 그때 먹은 올챙이묵의 고명은 무엇이었더라, 콩국은 어떻게 해야 더 고소하다고 했더라, 많은 식구들이 먹는 것을 바라보는 어머니의 표정은 어떠했더라. 사실 그 맛도 잘 생각나지 않았다.

묵이 눋지 않도록 주걱으로 저으며 문득 죽은 후에도 지금처럼 올챙이묵 같은 걸 만들고 있을까. 모두 한자리에 모일 수 있을까. 초자연적인 힘은 우리를 대체 어느 골짜기로 데려간다고 하던가. 몸을 버린 후에 우린 정말 모습이 없어진다던가. 묵은 생각난 듯이 여기서 풀떡하면 저기서 풀떡하며 끓기 시작했다.

고소하고 달큰한 올챙이묵이 완성되었다. 내 올챙이묵을 먹으러 올 사람이 꼭 있을 것만 같아 크고 넓적한 사발에 가득 담아 콩국을 붓고 실파와 미나리도 조금 얹고 깨도 뿌려서 맞은편 식탁 위에 올려놓았다.

"벗이 있어 멀리서 찾아오니 이 또한 즐겁지 아니한가. (有朋自遠方來 不亦樂乎)"

잠시 공자의 긴 도포 자락을 떠올리며 긴긴 여름날 뙤약볕을 누비고 불원천리 찾아올 사랑하는 손에게 음식을 대접하는 논어의 착한 아낙이 되어본다.

진한 우윳빛 콩국에 잠길락 말락 연노랑 올챙이들 위로 미나리 잎과 실파가 몇 가닥 애교스럽고 깨들이 흩어져 지절대는 이 그림보다 아름다운 색감의 음식을 차마 먹어버리기가 아깝다. 한나절 내내 더운 바람에 시달리던 창 밖의 산수유 가지도 창문에 몸을 붙이고 무슨 잔치냐고 들여다본다.

나는 어린 날의 '기억의 레시피'를 펼치고 〈올챙이묵〉 밑에 두 줄을 그었다.

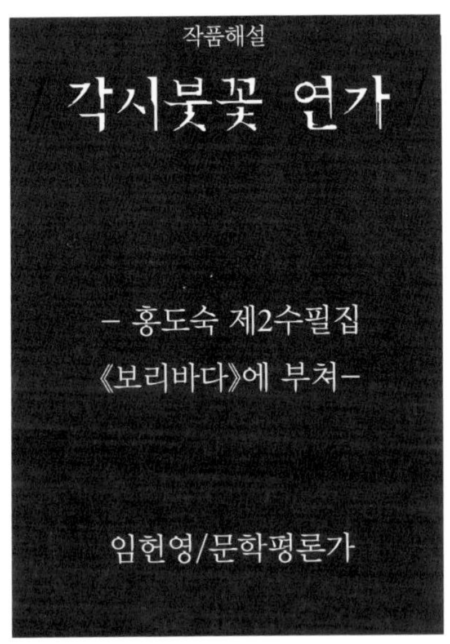

1.《검불랑 내 사랑》 이후 7년

라파엘의 화폭처럼 우아한 묘사로 가득 찬 첫 수필집《검불랑 내 사랑》(2007)의 홍도숙 작가가 두 번째 작품집《보리바다》를 상재한다. 7년 세월이 어린 손자 키 크듯이 훌쩍 변해버렸지만 작가의 향수(鄕愁)에 대한 애틋한 그리움은 조금도 시들지 않고 있다.

철원-월정-가곡-평강-복계-검불랑-세포-신고산-용지원-원산에 이르는 경원선 중간쯤인 검불랑(劍拂浪)이 고향인 홍도숙. 여기서 세 정거장을 지나야 초등학교가 있던 세포다. 그러니까 초등학생 시절에 홍도숙은 검불랑의 집에서 세포까지 40리 길을 기차로 통학했다. "바다에 면한 포구도 아닌데 산간벽지의 작은 면 소재지에 불과한 고장을 '바닷물에 씻겨가는 포구' 라고 누가 그렇게 근사한 이름을 붙였을까."라면서 작가는 〈세포(洗浦)는 포구다〉에서 그 정황을 자상하게 밝혀준다. "오후 네 시 발 경원선 열차를 타기 위해 학교에서 (세포)역까지 십리 길을 언제나 뜀박질을 했다. 허리에 동여맨 책 보따리에선 빈 알루미늄 통 안의 젓가락이 요란하게 땡그랑거렸다."

뻔히 열차 시간을 알면서도 "학교에서 노닥거리다 예사로 네 시 열차를 놓치곤" 했는데, 그러노라면 "다섯 시쯤 원산에서 들어오는 화물열차"가 유일한 차선책이었다. "수수한 복장의 화물열차 차장"에게 "아저씨 검불랑까지만 태워주세요."라고 통사정하는 꼬마들에게 차장은 "안 돼! 너희들이 화물이야?" 하고 눈을 한 번 부라리고는 "턱을 치켜 올리며 타라는 시늉을 했다."(〈세포(洗浦)는 포구다〉).

> 일제 강점기 말 우린 강원도 검불랑 두메에서 경원선을 타고 세 정거장을 지나 세포(洗浦)면에 있는 소학교에 기차통학을 했었다. 나는 4학년쯤이었고 통학생은 전 학년을 합해 여남은 명 정도 되었다. 하교 시간이 되면 개개비가 살고 있는 늪지의 갈대밭을 질러서 세포역까지 늘 뜀박질을 했는데 원산발 서울행 열차를 타려면 시간이 빠듯했기 때문이었다. 차를 놓치면 40리나 되는 산길을 걸어야 했고 다음 차는 두 시간쯤 기다려야 오는 화물차밖엔 없으므로 하굣길은 늘 달리는 시간이었다. 〈명태의 눈〉

이 고색창연한 장면은 분단된 국토의 허리 부분이 고향이었던 작가만의 보배로운 독점물이다. “겨울의 객차 안은 따뜻하고 붐비지도” 않아 “통로에 서서 언 몸”을 녹이며 “삼방 스키장에서 스키를 즐기고 돌아가는 서울” 사람들을 구경하기에 바빴다. “기차 칸 세면장엔 키 큰 스키 장비가 가득”찼는데, “두메아이들은 신기해서 그걸 한번 씩 만져보곤 했다.”

하교 시간이 빠른 저학년생들은 여객 열차를 탈 수 있었지만 수업이 늦게까지 있는 고학년생들은 주로 화물차를 탔는데, 그럴 때면 “아이들은 어둑한 화물차 안에서 마른 명태 짝을 타고 앉아 끝이 뾰족한 따개칼을 들고 명태 눈알을 열심히 도려내고 있었다.” 이 대목에서 필자는 홀연히 어렸을 때 명절과 제삿날에나 구경하던 북어의 눈알이 그래서 빠져있었구나 하는 생각이 났다. 혹여 눈알이 남아있는 경우에는 어른들 몰래 컴퍼스 다리 끝으로 그걸 빼먹었으니 강원도나 경상도나 배 곯았던 아이들의 궁여지책은 매한가지였던 셈이다.

그 고향 땅에다 홍도숙은 어머니를 묻었다. 장티푸스가 퍼지자 팔을 걷어 부치고 나서서 “병에 걸렸던 사람들을 모두 일으켜 주고 자신은 마지막 제물이 되었다.”

> 서른여섯의 엄마는 각시붓꽃처럼 아름다웠다. 그리고 여전사처럼 씩씩했다. 엄마의 생은 신비 그것이었다. 자신의 몸을 사리지 않았다. 봄이 오는 삼월에 엄마를 보낸 뒤 농장 식구들은 넋을 잃고 손을 놓은 채 일을 할 수 없었다. 〈각시붓꽃〉

그해 8월에 해방이 되었고, 12월에는 엄마의 무덤을 남겨둔 채 검불랑을 떠난 이 작가는 "엄마가 각시붓꽃으로 환생한 것을 믿은 후부터 꽃을 꺾지 않"게 되었다. 엄마가 잘 만들어주던 〈순대〉와 〈올챙이 묵〉은 홍도숙에게 그냥 먹거리가 아니라 향수의 후렴처럼 입맛을 당기는 일품요리다. 그 고향은 갈 수 없기 때문에 더 그리운지도 모른다. 그래서 홍도숙은 첫 번째 작품집에서 그렸던 애틋한 향수를 두 번째 작품집에서는 더 정교화 하여 세밀화(細密畵)로 그려준다. 이 작가에게 고향은 요나 콤플렉스(Jonah complex)의 안식처이자 이상향으로 어머니의 환생인 각시붓꽃의 연가이다.

요나콤플렉스를 애이브러햄 마슬로우(Abraham H. Maslow)는 자신의 운명이나 사명을 회피하려는 강박관념으로 풀이했고, 라코크(Andre & Pierre-Emmanuel Lacoque)는 입은 은혜와 서원을 망각하고 용서와 관용을 모르는 행위로 해석했지만, 바슐라르(Gaston Bachelard)는 모태귀소본능(母胎歸所本能)의 아늑함과 평화로움을 상징하는 것으로 보았다.

홍도숙의 요나콤플렉스는 바로 바슐라르의 시학적(詩學的)것(《공간의 시학》)으로 디아스포라(Diaspora)적인 현대인의 뿌리 뽑힌 삶 속에서 이상향으로 승화되기도 한다. 이 작가에게 고향이란 태어난 곳만이 아닌 이상향으로 자연과 인간이 일체감을 이룩하는 평화와 행복의 보금자리이자 어머니와 같은 다정한 사람들이 함께 살아가는 공동체이기도 하다. 그래서 홍도숙의 수필세계는 어떤 글에서도 요나콤플렉스의 색채가 진하게 스며있다.

어딜 가서 누구를 만나든 이 작가는 바로 고향산천이나 고향 사람들과 연계시켜 버린다. 작가는 일생을 저 검불랑의 향수를 찾아 헤매는 구도자처럼 요나콤플렉스에 갇혀 지내다가 끝내는 주거지조차 "북녘 땅 가까운 곳으로 이사"를 감행했다. 물론 휴전선에 막혀 오갈 수는 없기에 "분단의 삼엄한 현실 앞에서 멀고 가까운 거리가 무슨 상관인가."라고 한탄하면서도, "그저 내 영혼이 따뜻했던 어린 지난날의 그곳이 그리워 은연중 작용"을 해서 휴전선 가까운 곳에다 터전을 잡았음을 넌지시 귀띔해준다(〈은밀한 정원〉). 이 '은밀한 정원'이란 귀소본능으로서의 에덴의 상징에 다름 아닐 것이다. 보통사람들의 시선으로 보면 서울 나들이가 여간 불편하지 않을 그 거처가 디아스포라에게는 오히려 요나콤플렉스의 치유를 위한 휴양지로 작용하는 모양새다. 홍도숙은 그 거주 지역 일대를 무척 향유한다.

2. 향수가 머무는 곳

"신탄리역은 경원선 철도 중단점(中斷点)이다. 용산발 원산행 열차가 더 이상 나아가지 못하고 철마는 달리고 싶다고 외쳐대는데 저 너머로 아쉬움을 던져둔 채 성난 철마를 다독여서 다시 서울로 발걸음을 돌려보내야만 하는 통한의 반환점이다."라고 〈신탄리의 무우(霧雨)〉는 그 속사정을 밝혀준다.

이대로 상행하여 군사분계선을 뚫고 나간다면 고향까지 몇 정거장이나 될까. 아마 열 정거장도 채 안될 거야. 아프리카의 정글도 남극 북극의 설원도 건넌방 건너가 듯 하는 세상에서 불과 두세 시간 소요되는 그곳을 갈 수 없다는 어이없음에 화도 분도 차라리 무감각해졌다. 〈신탄리의 무우(霧雨)〉

그러나 작가의 요나콤플렉스는 "신탄리는 지금 막 대기하고 있는 철마로 하여금 상행선을 내달아 비무장지대를 꿰뚫고 고향 검불랑을 넘어서 한달음에 원산, 함흥을 거쳐 국경을 건너 광활한 러시아 대륙의 끝까지 질주하는 그 자랑스러운 위용을 꿈꾸고 있는 중이다. 신탄리는 지금 비밀결사를 도모하고 있는 중이다. 짙은 무우의 은밀함 속에서"라고 끝맺는 이 글은 비무장지대의 향수의 미학을 대변해준다.

물론 여기가 작가의 주거지는 아니나 서울에서 북쪽 군사분계선으로 더 이상 나아갈 수 없는 경원선 근처로 작가의 거주지를 옮겨간 구실은 충분히 이해할 수 있지 않는가. 덤으로 작가는 외출 때마다 이용하는 열차에서 밑천 안 드는 향수를 즐기기도 한다.

"소요산행 전동차 안은 퇴근시간이 임박해선지 사람들로 붐볐다."라고 시작되는 〈모구리 청년〉이나, "오후 네 시쯤 올라탄 열차 안은 평소처럼 후덥지근하지 않고 썰렁하니 추웠다."는 〈백설무(白雪舞)〉 등은 작가가 나들이 때마다 겪는 서정적인 철길 소재 작품들의 예에 속한다. 달리던 열차는 "공중에서 크고 거뭇한 눈의 파편들이 순교자처럼 달려와 넓은 차창에 부딪혀 산산이 부서졌다. 이윽고 열차의 속도가 느려지고 슬그머니 주저앉고 말았다.” 그런데 “폭설로 인해 잠시 열차 운행을 지체한다는 역무원의 방송”에 이어 출입구 통로에 자리 잡은 기타를 맨 젊은이는 “팝송에서 트로트까지 지나간 추억의 아련한 선율들을 쏟아 놓았다.” 이내 “다섯 살쯤의 흑인 여자아이가 살랑살랑 춤을 추듯 기타 치는 남자에게 다가가더니 리듬에 맞춰 앙증맞게 춤을 추기 시작했다.”

이런 장면을 작가는 “고래가 입을 크게 벌리고 프랑크톤을 빨아들이듯이 찰나적인 나의 생명현상에 불멸의 세계가 밀려들어오는 순간을 느낀다. 집으로 가는 하얀 길, 아직도 지치지 않은 눈은 춤을 추며 내려오는데 발자국이 찍히지 않은 파란 눈 속을 푹푹 빠지며 걸어간다.”는 아름다운 글 〈백설무(白雪舞)〉. 요나가 갇혔던 고래가 등장하는데, 이게 바로 홍도숙의 무릉도원 행차 길이 아니고 무엇이랴.

그 행차 길에서 작가는 무수한 ‘또 하나의 고향’ 혹은 ‘은밀한 정원’을 만난다.

“덕계에서 양주로 들어가는 초입, 전동열차 철로 변에 남서향을 한 조그만 집이 있다. 숨바꼭질 하듯 잡목 숲에 엎드려 있어 눈여겨보지 않으면 거기 집이 있는 줄 모를 것이다.” 라고 작가는 〈상수리나무 집〉을 소개한다. 이어서 그 집 모양새와 누가 어떻게 살아가고 있을까를 궁리한다. “기차가 지나가버리는 마을 / 놋양푼의 수수엿을 녹여 먹으며 / 내 좋은 사람과 밤이 늦도록 / 여우 나는 산골 얘기를 하면 / 삽살개는 달을 보고 짖고 / 나는 여왕보다 더 행복하겠소.”라는 노천명의 시 〈이름 없는 여인이 되어〉가 상기되는 장면이다.

그 이름 없는 여인이 살아가는 모습은 〈콩들의 영광〉에 잘 드러난다. “나는 푸른 집에 들어 있는 풋콩을 까노라면 몰아의 경지에 들어간다. 일 년 내내 하고픈 일이지만 오뉴월과 가을의 추수철 잠시뿐이라 너무 아쉽다.”는 이 여인. 콩 까기만 좋아하는 게 아니라 “전생에 비둘기였는지 나는 콩이란 콩은 다 좋아한다.”는 콩 같은 여인의 삶을 지향하는 인생론.

필시 이런 자연 배경이야말로 이 작가의 요나콤플렉스에 딱 어울리는 귀향 본능의 무의식적인 발로일 터인데, 그 심층심리를 총체적으로 그린 작품이 〈지팡이를 짚고 잣나무 숲에 서니〉이다. 산야가 변해도, 아는 이가 없어도 “한 번 고향은 영원한 고향”이라는 강조 속에서 작가의 향수는 되살아난다.

이런 향수는 자연이나 특정 지역 혹은 장소를 그린 작품들(〈그 포구에서〉, 〈보리 바다〉 등), 사람을 통한 향수 달래기(〈칠우회〉, 〈잣씨〉, 〈막차로 온 각설이들〉, 〈목요일의 우정〉 등), 새나 꽃을 매개로 한 고향 연상(〈동고비와 길을 가다〉, 〈울지마라 오목눈이〉, 〈하늘 끝에 걸린 초가삼간〉, 〈열나흘 밤의 새아씨〉), 예술작품이나 도서 등을 통해 향수에 젖어들기(〈단원의 그림 속으로〉, 〈위대한 사전〉)에 이르기까지 실로 다양한 분야에 걸쳐 만개된다. 향수를 그릴 때 홍도숙의 문장은 가장 아름답게 빛나는데 특히 그 가운데 새나 꽃과 연계시킨 글들은 아마 홍도숙의 수필 중 가장 돋보이는 걸작들일 것이다.

왜 이 작가는 그토록 요나콤플렉스의 갑각(甲殼)에서 헤어나지 못한 채 검불랑을 향한 그리움의 몸짓을 멈추지 못할까. 그것은 세상의 이치와 인생살이의 비의(秘義)를 그린 〈다래의 영토〉에서 그 단서를 읽을 수 있다.

"나는 다래덩굴입니다"로 시작되는 이 의인체(擬人體) 수필 앞에서 왜 하필 다래인가 라는 우문은 삼가자. 작가의 고향과 다래가 얼마나 합궁인가. "깊은 산골짝 잡목 숲에서 살던 나"는 바로 검불랑 출신의 홍도숙 자신일 수도 있다. "어느 날 낯선 아저씨의 손에 캐어져 그의 차 뒤 칸에 실려 엎드린 채 흔들리며 어디론가" 떠나느라 "이웃하고 지내던 산초나무와 머루덩굴에게 잘 있으란 인사도 못하고 황망히 골짝"을 떠난 다래의 운명은 실향민 모두의 삶의 궤적의 상징이기도 하다. "그렇게 실려 온 나는 아저씨네 뜨락에 심어져 몇 년이 지나는 동안 둥치 굵은 다래나무"가 되었다는데, 남으로 피난살이 와서 정착한 것임에 다름 아니다.

> 좁지 않은 마당은 유실수로 가득했어요. 여러 그루의 청, 홍, 백 매화나무, 개암나무, 뽕나무, 산수유, 보리수, 살구나무, 대추나무, 호두나무가 창밑의 하얀 으아리 꽃과 어우러져 다정하게 살고 있었습니다. 도랑물 저쪽으로 감자밭을 한참 지나면 남북으로 놓인 기차 길이 장난감처럼 누워있고 그 위를 지우개 같은 기차 칸이 열 칸 정도 개암나무 입새 사이로 고물고물 지나가곤 했지요. 〈다래의 영토〉

아무리 부잣집 정원이라도 이런 곳은 없다. 그러기에 이 글은 상징이다. 월남 피난민 디아스포라가 남쪽에다 둥지를 틀고 살아가는데(포도나무 받침대를 타고 오르는 다래넝쿨은 곧 작가 자신), 재미난 일도 많지만 결국 못 볼 걸 보고야 만다.

호두나무 중간쯤의 둥지에서 알을 깨고 나온 뱁새 새끼들을 어미가 없는 사이에 들고양이가 비호같이 덤벼들어 도륙을 낸다. 뱁새 부부는 보리수 가지에 둥지를 장만했으나 이번에는 살모사에게 또 새끼들을 빼앗긴다.

막 짝짓기를 마친 암사마귀가 수사마귀를 정신없이 포식하는 것을 보았는가 하면, 캄캄한 땅 밑에서 7년을 견디고 막 땅위로 올라온 어린 매미가 한바탕 울어보기도 전에 거미줄에 감겨 똥그랗게 말린 채로 그의 먹이가 되는 꼴도 본다. 그래서 작가는 "왜 넘치도록 생명을 마련하게 해놓고 적정한 수를 넘는다며 그것들을 잔인하게 제거하는 이 자연의 섭리라는 건 또 무엇인가요."라고 묻는데 그 대상은 신도 타인도 아닌 자신으로 이게 곧 작가가 요나콤플렉스에서 헤어나지 못하는 빌미가 된다.

3. 환(幻)의 문학

그 요나콤플렉스를 향한 연가가 홍도숙 수필의 요람인데 이를 작가는 〈환(幻)〉에서 적나라하게 묘파해준다. 열셋 어린 나이, "여린 대나무의 첫 번째 매듭처럼 엉성하고 철없고 나약하기 이를 데 없는 나의 눈앞에 펼쳐진 모든 형상들은 눈부시고 경이로웠다. 그렇게 신비의 세상으로 발돋움하려는 나를 두고 어머니는 떠나갔다."는 환의 세계.

나에게 창작이란 행위는 그 자체가 환이다. 애초 환에서부터 시작되었을 것이다. 뚜렷한 것은 아무것도 없다. 내 손에 잡을 수 있고 만질 수 있다고 해서 그것이 실체라고 단정 지을 수도 없다. 생명의 유무를 가려 실체와 실체가 아닌 것으로 구분 지을 수도 없다. 순간에 사라지는 그림자라고 헤서 헛것이라고 말할 수는 더욱 없다. 우리가 실체라고 믿고 의지하고 있는 것은 또 얼마나 허무한 것이던가. 얼마나 무력하고 미미한 존재던가. 한시적인 생명이던가. 〈환(幻)〉

"환! 그것은 어디든 내가 살아가는 터전에서 지친 나에게 현현(顯現)되는 은밀한 사랑의 표적이 아니고 무엇일까. 환을 만나는 순간, 거기서부터 내 긴 이야기는 시작되어야 할 것이므로"라는 이 작가. 그 환의 밑둥치는 어김없는 요나콤플렉스고 그걸 찾고자 "절망하면서도, 지치고 외로워하면서도 이 세상과 우주에 대한 사랑을 버리지 못한다."(〈무명시인〉).

그 우주 사랑의 문학적 경지를 작가는 "《백이전(伯夷傳)》을 1억 1만 3천 번을 읽었다는 독서광 둔재시인 김득신(金得臣)"의 일화에서 찾는다. 그는 "바람 부는 가지에 새의 꿈이 어지럽고"라는 댓구를 잇지 못해 고심 중이었다.

선친의 제사를 지내던 밤, 잔을 들고 제주를 막 올리려는데 갑자기 "이슬 젖은 풀잎에 벌레소리 젖누나" 란 구절이 떠올라 저도 모르게 큰 소리로 앞 뒤 구절을 읊조리고 망부에게 올리려던 제주를 그만 자기가 마셔버렸다는 얘기 말입니다. 어딘지 따뜻한 미소가 자꾸 배어나게 하지 않나요. 아름다운 어리

석음이 아닌가요. 〈칠우회〉

이 수필집을 읽노라니 홍도숙은 이제 제주(祭酒)를 언제라도 마실 수 있는 처지이니 굳이 김득신을 부러워할 이유가 없다고 감히 평하겠다. 홍도숙이라는 "인간 송신탑"이 "송신하는 주파수는 도시와 국경과 이 세상을 너머 온 우주"(〈마법 같은 삶의 무대〉)를 향하고 있다. 그러니 "내 친구여! 형편없는 내 거문고 소리가 꿈속에서라도 들리거든 응원의 갈채를 실은 신호탄이라도 쏘아 보내주겠나."(〈남풍이 불어와〉)라고 호소하는 작가의 초대에 독자들이 널리 응해주기 바란다.